Mama, warum heiße ich...?

das Vornamen-Buch für klassische, zeitlose und außergewöhnliche Mädchen- und Jungennamen

Cora Liebig

Impressum

1. Auflage

Vertreten durch: Nicolas Mehl und Marius Müller (Sichtbar-Verlag)

Kontakt: Marius Müller / Gerhart-Hauptmann-Str.46 / 39108 Magdeburg

Buchsatz: www.mc-productions.at / Marcello Szlamar

Inhalt

Vorwort

Die Namensfindung für das eigene Kind kann sich mitunter in die Länge ziehen. Häufig gibt es unterschiedliche Meinungen der Elternteile und unzureichend geklärte Bedeutungen. Was man rechtlich darf und was verboten ist, ist auch oft unklar. So macht das Namenfinden nicht nur keinen Spaß, sondern artet hin und wieder regelrecht in Arbeit aus.

Zudem befürchten viele Eltern, dass der sorgfältig ausgewählte Name plötzlich überall zu hören ist oder in Verruf gerät. Das möchte selbstverständlich niemand für sein Kind.

Da Sie sich momentan oder in naher Zukunft offensichtlich mit dem Thema (Vor)Namen beschäftigen möchten, sind Sie mit diesem Ratgeber bestens betreut.

Sollten Sie eine E-Book-Version des Buchs nutzen, möchte ich darauf hinweisen, dass das Inhaltsverzeichnis vollständig interaktiv ist. Mit einem Klick auf das von Ihnen gewünschte Kapitel springen Sie sofort zu dessen Anfang.

Am Ende jedes Kapitels oder einem Teilkapitel finden Sie ein „In Kürze" Abschnitt. Dieser fasst zügig und ohne große Erklärungen die wichtigsten Inhalte des Kapitels zusammen.

1. Sinn und Entwicklung von Namen

1.1 Warum gibt es überhaupt (Vor)Namen?

Namen sind für uns völlig alltäglich. Wir tragen Namen, unsere Haustiere tragen Namen, unsere Berufe tragen Namen und sogar unsere Möbelstücke sind benannt.

Obwohl es uns häufig nicht bewusst ist, sind (Vor)Namen mitunter die stärksten Bündnisse unseres Lebens.

Ihre Bedeutungen beeinflussen unsere Persönlichkeit. Ihre Aussprache und ihr Klang, definieren durchaus woher wir stammen und zu wem wir gehören.

Doch nicht nur das!

Sollte unser Name nicht „Unisex" sein, verrät dieser auch unser Geschlecht. Das daraus resultierende Gesamtbild kann einen ersten Eindruck auf unseren Charakter schaffen. Wie Sie sehen, ist der heutige Sinn von Namen nicht mehr so simpel wie der ursprüngliche Ausgangspunkt.

Der heutige Sinn von (Vor)Namen ist wie unsere Persönlichkeit – so vielfältig, dass wir ihn nicht genau benennen, sondern nur Eigenschaften finden können.

Kommen wir damit zu der ersten Frage, die ich mit Ihnen zusammen klären möchte.

Was war der ursprüngliche Sinn von (Vor)Namen?

Für eine anschauliche Beantwortung dieser Frage müssen wir innerhalb der uns bekannten Zeit weit zurückgreifen. Wann genau die ersten (Vor)Namen vergeben wurde, ist nicht mehr greifbar. Sicher ist jedoch, dass sie bereits vor Christus gebräuchlich waren.

Die biblischen (Vor)Namen, wie beispielsweise Andrea oder Andreas, kamen selbstverständlich erst nach Christus in die Mode.

Namen, welche noch vor dem Einzug des Christentums im heutigen Deutschland genutzt wurden, waren größtenteils germanischer, griechischer oder heidnischer Herkunft. Später entwickelten sich auch römische Namen zum Trend. Das römische Reich hatte seine Hochphase jedoch erst rund 115 bis 117 Jahre nach Christus.

Da Ihnen nun die zeitlichen Gegebenheiten klar sind, dürfte der erste Unterpunkt zu unserer Hauptfrage verständlich sein.

Namen waren (und sind) Merkmale der Zugehörigkeit zu einer bestimmten Gruppe und sorgen dafür, die einzelnen Mitglieder auseinander halten zu können.

Besonders Nachnamen verdeutlichen diesen Grundsatz. In Deutschland tragen Kinder den Nachnamen eines oder beider Elternteile. Durch dieses Merkmal wird klar, wer zu welcher Familie gehört. Auch früher wurden Namen als Zeichen für eine Familie oder einen Stamm, hin und wieder auch einen entfernten Verwandtschaftsgrad, genutzt.

So war es nicht unüblich, dass Verwandte von Adeligen oder hoch angesehenen Personen den Vornamen dieser trugen. Ein weiterer Punkt, welcher vor allem in den Naturvölkern auffindbar war und ist, ist die Beschreibung der Persönlichkeit und des Charakters durch Namen. Auffällig hierbei ist, dass die Namen tendenziell nach tierischen Vorbildern vergeben wurden. Diese Tendenz spricht natürlich für heidnische und andere Naturvölker. Ein bekanntes und immer noch beliebtes Beispiel für einen tierisch angelehnten Namen ist „Bernhard“.

Bevor ich Ihnen erkläre, was genau „Bernhard“ bedeutet, möchte ich Ihnen ein kleines Phänomen darlegen. Es folgen nun drei Namen. Versuchen Sie einmal herauszufinden, was diese drei Namen gemeinsam haben. Nehmen Sie sich ruhig etwas Zeit dafür.

Alexander Bernhard Edmonda

Diese drei Namen verbindet nicht, dass sie, wie häufig angenommen, sehr alt sind. Achtet man auf jeden Namen im Einzelnen und vergleicht diese dann, wird das Phänomen schnell sichtbar.

Sowohl „Bernhard“ wie auch „Alexander“ und „Edmonda“ sind sogenannte zweigliedrige Namen. Das bedeutet, dass innerhalb dieser Namen zwei Begriffe versteckt sind.

Zu unserem Beispiel „Bernhard“:

Bernhard bedeutet nichts anderes als „**Starker Bär**“ oder „**So stark wie ein Bär**“. Der Name besteht also, wie erwähnt, aus zwei Teilen. „**Bern**“ ist der erste Teil des Namens und lässt sich aus dem Althochdeutschen ableiten. Dort steht „**Bero**“ für Bär.

„**Hard**“ ist der zweite Teil. Auch dieser stammt aus dem Althochdeutschen und leitet sich von „**hart**“ ab. „**Hart**“ steht für stark oder kühn.

Bernhard ist also ein tierisch angelehnter zweigliedriger Name. Stellen Sie sich nun mit diesem Wissen mal einen Menschen mit dem Namen „Bernhard“ vor. Ganz natürlich stellen Sie sich nun also einen großen, starken, dunkelhaarigen Mann vor. Und das ohne, dass Sie eine Information über dessen Statur oder generelles Aussehen erhalten haben.

So funktioniert also der ursprüngliche Sinn hinter unseren Vornamen. Durch diese erhalten auch Ihnen unbekannte Personen (wenn Sie denn die Bedeutung des Namens kennen) sofort einen gewissen Charakter und ein grobes Aussehen zugesprochen.

Bei Nachnamen funktioniert das ähnlich. Die eindeutigsten Beispiele hierfür sind „Bauer“, „Müller“ und die Präposition „von“ im Nachnamen. Also beispielsweise Bernd Bauer, Mara Müller und Gabriele von Gerlitz.

„Bauer“ und „Müller“ sprechen für eine eher ländliche Familiengeschichte, weil diese Nachnamen Berufe darstellten. Das „Von“ in deutschen Nachnamen hingegen stand ehemalig für Adelige oder eine Verbindung zu Adligen. Auch im Nachnamen lässt sich also eine Zugehörigkeit zu einer Familie oder einer Gruppe erkennen. Es darf jedoch nicht außer Acht gelassen werden, dass mit „von“ auch ein Ort gemeint sein kann. Diese Zusätze im Nachnamen wurden jedoch eher an Helden oder anderweitig bekannte Gesichter und Familien vergeben.

Falls Sie sich gerade fragen, ob auch „Van“ und „De“ der Niederländer so funktionieren... Nein, das niederländische „Van“ oder „De“ im Namen hat nichts mit adligen Wurzeln oder Bekanntheit zu tun. „Van“ und „De“ stehen für Ortsangaben. Somit wäre ein „Joris Van den Berg“ wohl ein Nachkomme einer Familie, welche in sehr hügelreicher Umgebung gelebt hat. „Joris de Vries“ hingegen weist auf friesische Wurzeln hin.

Wie sind diese Namen entstanden?

Wenn Sie eine Person beschreiben müssen, welche Ihr Gegenüber nicht kennt, würde das wohl in etwa so klingen, ...

„Er ist groß und kräftig, hat blaue Augen und trägt einen Bart. Außerdem hat er kurze braune Haare. Er kommt aus dem Saarland, das hört man am Dialekt. Ich empfinde ihn als einen sehr freundlichen und kühnen Menschen, er ist aktiv und liebt Tiere.“

Diese Beschreibung grenzt zwar ein, welcher Typ Mensch gemeint ist, aber dennoch gibt es sehr viele Personen, welche auf diese Beschreibung zutreffen. Wenn Sie nun versuchen würden noch genauer auf die Person einzugehen, dann könnte sich das so anhören:

„Genauer gesagt kommt er aus Neunkirch. Seine Lieblingstiere sind Ziegen – außerdem humpelt er ein wenig.“

Nun würde die Sache schon deutlich klarer werden. Aber auch diese Beschreibung ist mühselig. Stellen Sie sich einmal vor, wie anstrengend und langwierig es wäre, jedem Menschen eine solche Beschreibung zu geben. Spätestens nach der dritten Person ist Ihnen diese Ausführlichkeit zu viel Arbeit. Zudem das Schlimmste wäre, dass Sie genau diese Beschreibung auswendig lernen müssten und von vorne bis hinten aufsagen, sobald Sie über die jeweilige Person sprechen möchten.

So ähnlich ging es auch den Menschen, welche begonnen haben (Vor)Namen zu vergeben. Anstatt eine unendlich lange Leier zu entwickeln wurden die wichtigsten Dinge in Kürze zusammengefasst. Unser so schön beschriebener Mann könnte also zum Beispiel „Denis von Neunkirch“ heißen.

„Denis“ steht für „Gott der Freude“ und leitet sich aus dem Griechischen vom Gott der Freude, Fruchtbarkeit und Ekstase „Dionysos“ ab.

„Gott der Freude von Neunkirch“ ist kein schlechter Anfang für unseren Beispiel-Mann. Wäre man nun noch bemüht auch das Aussehen der Person in Kürze zusammenzufassen, könnte aus „Denis von Neunkirch“ folgendes werden: „Konrad Denis von Neunkirch“

„Konrad“, im Übrigen ebenfalls ein zweigliedriger Name, steht für „der kühne Ratgeber“. So würde aus dem „Gott der Freude von Neunkirch“ also der „Gott der Freude und der kühne Ratgeber von Neunkirch“ werden.

Namen entstanden und entwickelten sich also vor allen Dingen, weil sie praktisch, kurz und dennoch genau waren. Schließlich findet so schnell niemand einen zweiten Konrad Denis von Neunkirch, oder?

In Kürze

Der ursprüngliche Sinn und Gedanken hinter Namen waren,

- schnell eine Zugehörigkeit zu bestimmten Gruppen festzustellen. Diese konnten familiärer, religiöser, gesellschaftlicher oder kultureller Natur sein,

- einzelne Mitglieder der gleichen Gruppe auseinander halten zu können. Hierfür entstanden unter anderem sehr lange Namen, da man möglichst viele Informatio nen in diese verpackte,

- die Persönlichkeit, das Aussehen, bestimmte Taten oder einen Herkunftsort sowie einen Verwandtschafts grad zu beschreiben.

1.2 Was sind Rufnamen?

Überlegen Sie sich kurz, ob Sie eine Person kennen, welche mehrere Vornamen trägt. Sollten Sie keine Person mit mehreren Vornamen kennen oder noch nicht ganz verstanden haben, worauf ich hinaus möchte, bleiben wir für diese Frage noch kurz bei unserem sorgfältig zusammengestellten Beispiel „Konrad Denis von Neunkirch“.

Zwar ist der von uns vergebene Name bereits deutlich kürzer als die erste Beschreibung, aber lang ist er dennoch. Ihre Freunde sprechen Sie vermutlich mit einem Spitznamen oder dem ersten Vornamen an. Hier sind wir auch schon bei der schnellsten Erklärung zum Begriff „Rufname“ angelangt.

Der „Rufname“ ist nichts weiter als der Vorname, welcher am häufigsten für eine Person genutzt wird.

Bitte verwechseln Sie jedoch Spitz- und Rufnamen nicht!

Ein Spitzname ist eine Abkürzung oder eine Verniedlichung des eigentlichen Vornamens. Der Rufname hingegen steht tatsächlich so im Ausweis und der Geburtsurkunde des Trägers.

Der Rufname unseres Beispiels wäre wahrscheinlich „Konrad“. In den meisten Fällen wird der erste Vorname zum Rufnamen, auch wenn der Träger vielleicht den zweiten Vornamen lieber hört. Dieser Lauf der Dinge ist nicht nur durch die Reihenfolge der Namen entstanden. Auch den Standes- und Einwohnermeldeämtern seit 2015 liegt hier eine gewisse „Schuld“ zu Füßen.

So war es bis 1960 üblich, dass das Standesamt den Rufnamen des Kindes durch einen einfachen Unterstrich im Dokument vermerkte. Ab 1960 bis 2015 wurde dann ein neues Gesetz erlassen und durchgesetzt: Der Rufname der Person musste in ein eigenes Feld im Dokument eingetragen werden.

2015 folgte außerdem ein weiteres Gesetz, welches den ersten Vornamen verbindlich zum Rufnamen machte. Es war also nicht mehr möglich den Zweitnamen als Rufnamen zu nutzen. 2018 änderte sich dies durch die Erlaubnis, nachträglich die Reihenfolge der Vornamen zu ändern. Wie genau sich diese Gesetzeslage verhielt und wie sie heute aussieht, erkläre ich Ihnen im zweiten Kapitel des Ratgebers.

In Kürze

Ein Rufname ist,

- der am häufigsten, meist ersten, genutzten Vornamen einer Person,
- zeitweise rechtlich festgelegt worden,
- ... heutzutage rechtlich durch eine Veränderung der Vornamen Abfolge wechselbar.

1.3 Warum gibt es Zweitnamen?

Im Gegensatz zum Rufnamen einer Person, welcher sich relativ einfach erklären lässt und nur einen einzigen Sinn hat, können Zweitnamen aus nahezu jedem Grund vergeben werden.

Heutzutage erlebt der Trend Höhen und Tiefen wie kaum ein anderer. Manche Personen lieben ihren Zweitnamen, andere halten ihn lieber geheim. Einige Entscheidungen beruhen auf Familientraditionen, andere auf der Entscheidungsfreiheit des Kindes und wieder andere Elternteile konnten sich nicht auf einen Namen einigen. Was zunächst anstrengend und nervtötend klingen mag, sollte Sie nicht abschrecken!

Zweitnamen sind nicht nur unnötige Anhängsel. Gegenteilig sogar – sie stellen unter anderem eine großartige Möglichkeit dar, um den Gesamtklang eines Namens zu verbessern. Obendrein ist eine genauere Bedeutung des gesamten Namens ausführbar.

Um Ihnen einen schlichten Überblick zu ermöglichen, habe ich hier kurz die einzelnen Gründe durchnummeriert. Im weiteren Verlauf werde ich diese dann detailreicher ausführen.

A) Familientradition(en)

B) Unpassende Bedeutung des Rufnamens

C) Uneinigkeit über den Vornamen

D) Entscheidungsfreiheit des Kindes

E) Ungewöhnlicher oder seltener Zweitname

F) Gesamteindruck und -klang

G) Unisex-Vorname

H) „Middle Inital“

A) Familientradition(en)‘

Früher galten diese Traditionen noch deutlich häufiger als heute. Manche Familien haben auch heute noch Traditionen, wie etwa das immer gleiche Lied zu Weihnachten zu singen. So ähnlich funktionieren auch die Familientraditionen, welche sich auf die Namensvergabe für die Kinder beziehen.

Dabei wird dann ein Name oder auch zwei Namen „symbolisch“ weitergegeben. Dieses „Symbol“ soll der Zugehörigkeit und dem Zusammenhalt dienen. Nun kommt schnell die Frage auf, wie man einem weiblichen Enkelkind den Namen des Großvaters geben soll? Hierfür eignet sich die Tatsache, dass Namen abwandelbar sind und meistens in weiblicher wie auch männlicher Form verfügbar sind.

Ein kleines Beispiel:
Es wird eine Enkeltochter erwartet und beide Großeltern sollen durch den Namen geehrt werden. Lassen Sie uns der Großmutter den Vornamen „Angela“ und dem Großvater den Vornamen „Karl“ geben.

Nun wäre es natürlich simpel das Mädchen einfach „Angela Karla“ zu nennen. Da beide Namen jedoch recht lang sind, wirkt dieser Name etwas zu groß. Hierfür würde es sich dann anbieten einen kurzen Vornamen zu wählen und als Zweit- und Drittname Angela und Karla zu verwenden.

Also so: „Ida Angela Karla XY“
Das XY dient als reiner Platzhalter für einen beliebigen Vornamen. Es wäre sehr wahrscheinlich, dass das Mädchen dann größtenteils „Ida“ gerufen wird. Ob das für die Elternteile passend ist oder nicht, muss ausdiskutiert werden.

B) Unpassende Bedeutung des Rufnamens

Viele Elternteile möchten ihrem Kind eine ganz bestimmte Namensbedeutung mit auf die Reise geben. Auch bei den Bedeutungen gibt es bei vielen Personen absolute Favoriten. In Deutschland sind diese überwiegend positiver Natur, in anderen Teilen der Welt ist dies nicht der Regelfall. In einigen Kulturen und Gesellschaften werden absichtlich Namen mit unschönen Bedeutungen oder Klängen verwendet. Hintergrund hierfür ist der Glaube, dass diese bösen Geister und ein schlechtes Schicksal vom Namensträger abwenden.

Nehmen wir an, Sie möchten, dass der Name Ihrer Tochter die Bedeutung „Die Schönheit“ trägt. Diese Bedeutung findet sich zum Beispiel im Mädchennamen „Aideen“ wieder. Nun ist Aideen jedoch ein recht seltener Name und eher in Irland verbreitet. Außerdem ist er eher schwierig auszusprechen.

Daher würde sich also vielleicht ein anderer Rufname anbieten, dessen Bedeutung aber nicht dieselbe ist.

So kann der Rufname lediglich als „Name“ gesehen werden und der Zweitname als Beschreibung des Trägers.

C) Uneinigkeit über den Vornamen

Es passiert regelmäßig, dass Eltern sich unterschiedliche Namen für ihr Kind wünschen. Manchmal ist der Klang der Grund, ein anderes Mal die Bedeutung und hin und wieder auch eine schlechte Verbindung zu einem bestimmten Namen. Dieses Problem lässt sich mit einem Zweitnamen gut lösen, vorausgesetzt der Elternteil, welcher den zweiten Vornamen auswählt, kann damit leben, dass das Kind mit größter Wahrscheinlichkeit nur selten mit diesem Namen angesprochen wird.

Eine größere Chance, dass das Kind beide Vornamen nutzt, besteht erst, wenn die Namen mit einem Bindestrich verbunden werden. Allerdings sollten die beiden Namen bei dieser Variante möglichst gut zueinanderpassen.

Ein paar kleine Beispiele für zwei zueinander passende Namen:

- Angelina-Sophie
- Lisa-Marie
- Jan-Philipp
- Finn-Luca

Und ein paar Gegenbeispiele:

- Felix-Maximilian
- Terence-Spencer
- Maria-Magdalena

„Felix-Maximilian“ ist ein typisches Beispiel für einen unstimmigen Gesamtklang. Diese Empfindung kann jedoch stark variieren.

Die letzten beiden eher unvorteilhaften Beispiele sind leicht erklärt und leider auch vergeben worden.

„Terence-Spencer“ ist eine Anlehnung an die Old School Filmhelden „Bud Spencer und Terence Hill“, welche vor allem in Italien, Spanien und Deutschland bekannt sind. Die Mischung der beiden Namen mag zwar nicht allzu merkwürdig klingen, aber könnte bei Filmfans auf Ablehnung treffen.

„Maria Magdalena“ ist eine heiliggesprochene Frau des neuen Testaments. Im Christentum gilt sie als Begleiterin Jesu und Zeugin dessen Auferstehung. Falls Sie keine Religion oder spezielle das Christentum in den Namen Ihres Kindes einbringen möchten, ist von solchen biblischen Namen abzuraten. Es sei jedoch gesagt, dass zahllose gebräuchliche Namen einen biblischen Ursprung haben.

D) Entscheidungsfreiheit des Kindes

Die Intention hinter Zweitnamen kann auch sein, dass das Kind später frei entscheiden soll, welchen Namen es tragen möchte. Obwohl diese Idee grundsätzlich hervorragend ist, wird dieser Fall wohl kaum eintreten. Da Kinder in der Schule, Zuhause oder von Freunden tendenziell eher beim ersten Vornamen genannt werden, bleibt die Entscheidungsfreiheit aus.

E) Ungewöhnlicher oder seltener Zweitname

Einige seltene oder exotische Namen sind sehr melodisch oder haben tiefgreifende Bedeutungen. Leider stoßen solche Vornamen immer wieder auf ein ganz simples, aber nervtötendes Problem: Eine völlig falsche Aussprache.

Hierzu ein Beispiel:

Wie würden Sie den Namen „Aislinn“ aussprechen?

Der Name stammt aus Irland und trägt eine wunderschöne Bedeutung. „Die Träumerin“ oder auch „Die Vision“. Nun ist die Bedeutung zwar wunderschön, aber wie Sie sicherlich gerade selbst festgestellt haben, ist „Aislinn“ nicht auf Anhieb richtig auszusprechen. Die meisten Personen tendieren zu einem „Asleen“ oder „Ashleen“.

Letzteres ist auch nicht allzu weit entfernt! Die richtige Aussprache von Aislinn lautet „Ashlin“. Der erste Teil („Ash“) wird hierbei wie das englische Wort „Ash“, zu Deutsch „Asche“, ausgesprochen. Man könnte also sagen, dass „Äschlin“ zutreffend wäre.

Viele Elternteile wünschen sich einen möglichst einzigartigen Vornamen für ihr Kind und stoßen bei der Suche auf ebensolche Namen. Um die fehlerhafte Aussprache oder Abkürzungen zu umgehen, kann das Ausweichen auf den Zweitnamen klug sein.

F) Gesamteindruck und -klang

Im Gegensatz zu „Aislinn“ stehen Namen wie „Anna“, „Maximilian“ oder auch „Jan“. Gängige Namen sind häufig mit extrem positiven Bedeutungen geladen oder werden aufgrund des Klangs gerne vergeben.

Für einige Personen sind kurze Namen wie „Max“, „Jana“, „Jan“ oder „Ida“ jedoch etwas zu amelodisch. Auch lange Namen können eher asymphonisch klingen – ein öfter vorkommendes Beispiel: „Ladislau“

Anstatt einen anderen Namen auszuwählen, kann ein passender Zweitname mit Bindestrich wahre Wunder bewirken.
Ich möchte es Ihnen anhand unserer fünf Beispiele demonstrieren:

- Max-Aiden (Max-Eyden)
- Jana-Sophie
- Jan-Philipp
- Ida-Marie
- Ladislau-Lothar

Besonders „Max-Aiden“ klingt deutlich harmonischer als „Max“.

Natürlich mögen nicht alle Personen sogenannte „Doppelnamen“ mit Bindestrich, aber sie stellen eine schöne Variante zu herkömmlichen Vornamen dar.

G) Unisex-Vorname

Unter Unisex-Namen versteht man Vornamen, welche für alle Geschlechter genutzt werden können. Seit einigen Jahren gewinnen diese Namen an Beliebt- und Bekanntheit, was nicht zuletzt auf den gesellschaftlichen Wandel, in Anbetracht der freien sexuellen Orientierung und der freien Geschlechtswahl zurückzuführen ist.

Es kommt immer häufiger vor, dass junge Elternpaare ihren Kindern einen geschlechtsneutralen ersten Vornamen und einen geschlechtsspezifischen Zweitnamen verleihen.

Gängige Exempel wären ...

- Anouk
- Danny
- Dominique

Je nach Geschlecht des Kindes kann dann ein geschlechtsspezifischer Name wie „Maria“, „Daniel“ oder „Franziska“ angehängt werden.

Selbstverständlich ist dies keine verpflichtende Regelung.

H) „Middle Initial“

Das sogenannte „Middle Inital“ Namensphänomen, trifft man häufig im englischsprachigen Raum an. Viele historische Persönlichkeiten trugen ein mittleres Initial im Namen. John F. Kennedy und Georg W. Bush sind Ihnen sicherlich ein Begriff. Der 35. Präsident der Vereinigten Staaten hieß eigentlich „John Fritzgerald Kennedy“, das Middle Inital „F.“ entstand also aus seinem Zweitnamen. Ebenso verhält es sich bei „Georg Walter Bush“, dem 43. Präsidenten der Vereinigten Staaten.

In Deutschland wird das „Middle Inital“ jedoch kaum genutzt, da die meisten Zweitnamen ohne Bindestrich schlicht und ergreifend ausgelassen werden. Doppelnamen mit Bindestrich hingegen gehören zusammen und werden daher auch vollständig zusammen ausgesprochen. Dennoch ist ein „Middle Initial“ ein Grund für die Vergabe eines Zweitnamens.

Bitte beachten Sie jedoch, dass die Initialen des Kindes keine unschönen Abkürzungen ergeben. Ein „Wolfgang Carlo Bauer“ würde sicherlich unter einem „Middle Initial“ leiden. Vollständig ausgesprochen mag das „Wolfgang C. Bauer“ kein Problem darstellen, bei der Abkürzung beider Vornamen würde aus diesem Namen jedoch ein unschönes „WC Bauer“ werden.

Achten Sie daher unbedingt auf alle Vor- und den Nachnamen!

In Kürze

Zweit- und Drittnamen gibt es, weil

- Familienmitglieder geehrt werden sollen,
- religiöse Traditionen (wie die Ehrung der Paten) dies so vorsehen,
- der Gesamtklang oder die Bedeutung schöner sind,
- Kindern die Entscheidungsfreiheit gelassen werden soll,
- die Eltern sich nicht einigen konnten,
- Unisex Vornamen noch immer nur ungern zugelassen werden.

1.4 Von Antike bis Neuzeit – die Veränderung der Namen

Die Antike dauerte von 800 vor Christus bis 600 nach Christus an. In diesem Zeitalter lebten die antiken Griechen sowie die Römer und die Germanen in großem Ausmaß.

Mit der Zeitrechnung nach Christus wandelte sich das Judentum langsam aber sicher um in das Christentum. Nach der griechischen und römischen Antike folgte das Imperium Romanum, dann das Mittelalter und nach diesem die frühe Neuzeit.

Unmittelbar zwischen dem Spätmittelalter und der Französischen Revolution 1789-1799 begann dann die frühe Neuzeit. Die heutige Neuzeit startete mit dem „langen 19. Jahrhundert", ging über in das 20. Jahrhundert und befindet sich jetzt gerade im 21. Jahrhundert.

Um Ihnen einen kompakten Überblick über Zeiträume aufzuzeigen, welche uns in diesem Kapitel begleiten werden, habe ich einen kleinen chronologisch korrekten Zeitstrahl für Sie erstellt.

- Griechische und römische Antike (800 vor bis 600 nach Christus)
- Imperium Romanum (rund 700 vor bis 1453 nach Christus)
-
- Mittelalter (6 nach bis 1500 nach Christus)
- Frühe Neuzeit (1400 nach bis 1800 nach Christus)
- „Langes 19. Jahrhundert" (1801 nach bis 1900 nach Christus)

- 20. Jahrhundert (1901 nach bis 2000 nach Christus)

21. Jahrhundert (2001 nach bis 2100 nach Christus)
In diesem Jahrhundert befinden wir uns heute. Griechische und römische Antike

Vor dem Christentum waren biblische Namen ein Fremdwort. Die meisten Namen bezogen sich zu dieser Zeit noch immer auf körperliche oder geistige Merkmale und brachten Helden- oder Schandtaten mit dessen Träger in Verbindung. Dort entspringt auch das Wort „Vorname“ – mit indogermanischen Wurzeln steht das Wort für „das Merkmal“ oder auch „das unterscheidende Kennzeichen“, was wiederum zu dem Sinn hinter der Namensvergabe passt.

Zu dieser Zeit galt der Glaube, dass der Name und das charakterliche Wesen des Trägers, sowie dessen Schicksal in untrennbarem Zusammenhang stehen.

Innerhalb des Christentums gewannen dann die biblischen Namen an Bekanntheit. Der christliche Glaube und die Verbundenheit zu Gott und Jesus stärkten den Drang nach „heiligen“ Namen. Einige der heute heiliggesprochenen Personen lebten zu dieser Zeit jedoch noch nicht. Zum besseren Verständnis: ein Heiliger kann erst nach dem Ableben entstehen. Man wird also erst heiliggesprochen, wenn man bereits verstorben ist.

Vornehmlich Namen wie: Andreas, Johannes, Matthäus, Philippus und Elisabeth entspringen der Bibel.

Wie Sie vielleicht bereits festgestellt haben, sind überwiegend männliche Namen biblischen Ursprungs. Das liegt an der damaligen Wertvorstellung in Bezug auf das weibliche Geschlecht. Im Allgemeinen werden innerhalb der Bibel und den darin beschriebenen Geschehnissen deutlich mehr Männer als Frauen erwähnt.

Zwischen diesen beiden historischen und religiösen Zeitabschnitten veränderten sich die Namen also von Merkmalen der eigenen Person, zu Gottesbedeutungen.

Imperium Romanum

Auch in der Hochphase des römischen Reichs waren biblische Namen besonders gerne gesehen. Zusätzlich etablierten sich Zweit- und Drittnamen, welche bei den Katholiken traditionell den (Tauf)Paten des Kindes galten.
Diese Ehrung der (Tauf)Paten wird auch heute noch fortgesetzt und ist am häufigsten in der katholischen Kirche zu finden.

Zwar änderten sich die Namen über diese Zeit hinweg nur wenig, aber es entstanden bereits die ersten Sprichwörter wie: „Das Kind beim rechten Namen rufen“ – dieses Sprichwort etablierte sich aufgrund der wichtig werdenden ehelichen Verhältnisse von Elternpaaren.
Bei ungeklärten Vaterschaften oder unehelichen Kindern wurde daher häufig auf das oben genannte Sprichwort zurückgegriffen, weil der „väterliche“ Name nicht zum Kind gehörte und somit von einem „falschen“ Namen gesprochen wurde.

Mittelalter

Das Mittelalter war geprägt von Aberglauben, der Hexerei und mythologischen Kreaturen. Vor allem der mittelalterliche Aberglaube und die beginnenden Reisen spiegeln sich in den Vornamen wider.

Über das Mittelalter hinweg begannen die Menschen mehr zu reisen und weiter entferntere Erdteile zu erkunden. Daher nahm auch die Dichte der exotischen Namen zu. Die Traditionen, welche sich auf den Aberglauben berufen, sind sehr verschieden ausgeprägt. Ein hervorragendes Exempel ist das Märchen „Rumpelstilzchen". Obwohl dieses erst 1812 verfasst wurde, hat das Märchen und der bekannteste Satz von Rumpelstilzchen seine Wurzeln im Mittelalter angesiedelt.

Falls Ihnen das Märchen unbekannt ist:

Ein Müller erzählt dem König, dass seine Tochter Stroh zu Gold spinnen könne, damit dieser die Frau heiratet. Die Tochter soll dies beweisen und erhält Hilfe von einem mysteriösen Männchen ohne Namen. Für die ersten beiden Nächte verlangt das namenlose Wesen den Schmuck der jungen Frau als Gegenleistung, in der dritten Nacht das (noch ungeborene) erste Kind.

Sie willigt alles ein, kann Stroh zu Gold spinnen und heiratet den König. Nachdem das erste Kind zur Welt kommt und die Frau so bitterlich weint, will das Männchen einen Deal. Die Frau hat drei Tage Zeit, um den Namen des Männchens zu erraten, dann lässt es ihr das Kind. Die Frau errät den Namen durch einen Zufall, als ein Botschafter ihr erzählt, dass das Männchen mit dem Satz „Ach wie gut, dass niemand weiß, dass ich Rumpelstilzchen heiß!" ums Feuer getanzt ist.

Sie errät den Namen und kann das Kind behalten.
Das Märchen beruht also auf dem Aberglauben, dass alle Dämonen und sogar der Teufel selbst nichts mehr Böses tun kann, wenn der heimgesuchte oder verfluchte Mensch den Namen des Unwesens errät. Diese Annahme war der Grund dafür, weshalb viele Personen, die Böses im Sinn hatten, ihre Namen nicht nannten.

Essenziell für das Mittelalter ist auch die Tatsache, dass erst um 1200 nach Christus Familiennamen oder Nachnamen entstanden. In diesem Zeitalter entwickelte sich auch das „von", „zu" und „aus" im Nachnamen. Die meisten Familiennamen waren zweigliedrig und beschrieben den Heimatort des Trägers.

Eine weitere Auffälligkeit liegt in der Bedeutung von Männer- und Frauennamen im Mittelalter. Ich habe für Sie einige Namen heraussortiert, welche diese Auffälligkeit widerspiegeln:

- Hildegard
- Hedwig
- Brunhild
- Gerhard
- Willhelm
- Gunther

Alle sechs Namen, die ersten drei sind im Übrigen weiblich, werden aufgrund ihrer Bedeutung mit dem Sinnbild des Kampfs oder eines Kriegers in Verbindung gebracht. Während diese Tatsache bei den männlichen Namen Gerhard, Willhelm und Gunther nicht weiter verwunderlich ist, sieht die Sache bei den weiblichen Vornamen schon ganz anders aus.

Im Mittelalter war es nicht üblich, dass Frauen als schwer gerüstete oder kampferprobte Kriegerinnen und Soldatinnen ihr Leben fristeten.
Dennoch geht ein eindeutiger Trend in der Namenswahl in genau diese Richtung. Eine naheliegende Vermutung, welche häufiger geäußert wird, ist folgende:

Da die Schattenseite des Mittelalters von schweren Rüstungen, Soldaten, Kriegen, Krankheiten, Religionen und Aberglauben gespickt ist, könnten die Menschen auf „starke"

Namen zurückgegriffen haben. Gestützt wird dieser Gedankengang davon, dass der Glaube, dass Schicksal und Name in engem Verbund miteinander stehen, weiterhin Bestand hatte. Es ist also davon auszugehen, dass auch Mädchennamen mit den Bedeutungen stark, mutig und zäh gewählt wurden.

Aufgrund der Einflüsse der Religionen, der Kriege, Reisen und dem Anstieg an Familien, wurden im Mittelalter also Nachnamen eingeführt. Diese beinhalteten zumeist den Heimat- oder Herkunftsort des Trägers. Zudem wurden auch mythologische Namen und Bedeutungen in Bezug auf Kriege immer beliebter.

Frühe Neuzeit

Zwischen dem Mittelalter und dem langen 19. Jahrhundert wechselten die „Modenamen" immer wieder. Mal wurden biblische Namen genutzt, andererseits waren auch exotische Namen hoch angesehen.

Zugegebenermaßen veränderten sich die Ursprünge der Namen ab hier nicht mehr merklich oder gingen flüssig ineinander über.

Jedoch veränderten sich beständig die Schreibweisen allerlei Namen! Diese Tatsache lässt sich auf die ungeregelte Rechtschreibung zurückführen. Trotz mehr oder weniger genutzten Schreibweisen gab es keine gesetzliche Regelung.
Abgesehen von der freien Entscheidung über die Schreibweise der Namen, wurden einige ausländische Namen eingedeutscht. Dies ist an französischen oder englischen Namen gut zu erkennen. Hierbei veränderten sich häufig nicht nur die Schreibweisen, sondern auch die Aussprachen.

„Alice" ist beispielsweise ursprünglich die englische und französische Form vom althochdeutschen Namen „Adelheid“. Obwohl die Schreibweise „Alice“ sowohl auf Englisch, Französisch sowie auch auf Deutsch dieselbe ist, hat sich die Aussprache verändert.

Die englische Aussprache von „Alice“ wäre „Ällis“.
In Frankreich hingegen wird der Vorname wie „Aliß“ ausgesprochen. Hier im deutschsprachigen Raum werden beide Formen oder aber die deutsche Variante „Alis“ genutzt.

Seit der frühen Neuzeit ist ein weiterer interessanter Trend zu erkennen. Während in früheren Epochen, dem Anschein nach, eher wenig auf den Klang eines Vornamens geachtet wurde, tendieren die Namenstrends ab etwa 1600 nach Christus zu ganz bestimmten Klängen. Besonders auffällig ist, dass zwischen 1600 und 1700 größtenteils lange Vornamen genutzt wurden. Zwischen 1700 und 1800 erfolgte dann der Aufschwung von kurzen und prägnanten Namen. Ab 1800 mischten sich diese dann.

Um Ihnen diese Entwicklung zu verdeutlichen, folgt nun eine Tabelle mit den fünf beliebtesten Vornamen zwischen 1600 und 1800 nach Christus.

	Ab 1600	**Ab 1700**	**Ab 1800**
Weiblich	Margaretha Anna Elisabeth Catharina Ursula	Anna Grete Gesche Frowe Alke	Charlotte Henriette Amalia Sofie Julia
Männlich	Johannes Caspar Moritz Valentin Heinz	Johann Heinrich Gerd Peter Jacob	Karl Friedrich Willhelm Johann Heinrich

Dieser Trend lässt sich im nächsten Kapitel nochmals verdeutlichen.

Im Allgemeinen ist also zu sagen, dass während der frühen Neuzeit vor allem die Aussprache und Schreibweise der Namen schwankte. Französische und englische Vornamen wurden innerhalb der Oberschicht schnell sehr beliebt und häufig eingedeutscht.

Da es keine geregelte Schreibweise für Namen gab, sind verschiedene deutsche Schreibweisen für ausländische Namen entstanden.

Das lange 19. Jahrhundert

Das „lange" 19. Jahrhundert macht seinem Namen wirklich alle Ehre.
In diesem Begriff ist die Zeit zwischen der Französischen Revolution (1789 bis 1799) und dem Ersten Weltkrieg (1914 bis

1918) eingeordnet, was den Begriff „langes“ Jahrhundert erklärt.

Selbstverständlich datiert das richtige 19. Jahrhundert aber nur den Zeitraum zwischen 1801 und 1900.

Bevor ich mit den Veränderungen der (Vor)Namen starte, möchte ich Ihnen die wichtigsten historischen Aspekte des langen Jahrhunderts auflisten. Diese werden Ihnen zu verstehen helfen, wie es zu den Veränderungen der Namen kam.

- Die Französische Revolution
- Der soziale Wandel in der Industrialisierung
- Der Erste Weltkrieg

Beginnen wir mit den Namensveränderungen während der Französischen Revolution. Diese dauerte von 1789 bis 1799 an. Innerhalb dieser Zeit wurden englische und französische Vornamen im heutigen Deutschland immer beliebter. In der Oberschicht und dem Adel verbreiteten sich diese besonders schnell. Obwohl bei vielen Namen die Aussprache erhalten blieb, wurden die Namen in der Schrift eingedeutscht.

So wurde aus „Louis“ zum Beispiel „Luis“ oder aus „Zoé“ letztendlich „Zoe“. Bei „Inès“ (zu Deutsch „Ines“) ging mit dem Macron auch die Betonung des „ès“ verloren und wandelte somit auch die Aussprache des Namens merklich ab. Während die Industrialisierung ihren Lauf nahm und immer mehr Personen dem sozialen Wandel unterlagen, zogen auch zunehmend größere Massen in die Städte. Da sich die Arbeiterschicht und die Oberschicht zunehmend spalteten, konnte man auch in der Häufung von Vornamen einen gewissen Unterschied erkennen. In der Arbeiterschicht blieben weiterhin altdeutsche Namen und wenige exotische Namen vertreten. Die Oberschicht hingegen verzeichnete immer mehr englische, französische oder eingedeutschte Namen.

Auch biblische Namen waren eher in der Oberschicht zu finden, was mit der grundsätzlich größeren Verbindung zur Kirche zusammenhing.

Nach dem Ersten Weltkrieg 1914 bis 1918 konnte ein Gesamtverlust von rund 9 Millionen Soldaten festgestellt werden. Weite Teile der Welt waren zerstört, die Zivilisten entweder tot oder verängstigt. Innerhalb der vier Jahre des Ersten Weltkriegs hielten sich in Deutschland zwei Namen durchgängig auf Platz Eins:

Gertrud und Hans

Erst Ende 1918 verlor der Name Hans seinen ersten Platz und wurde durch Karl ersetzt.

Das 20. Jahrhundert

Besonders prägend in der Namensveränderung des 20. Jahrhunderts war das dritte Reich. Nicht nur die jüdische Herkunft sollte ausgemerzt werden. Ebenso auch Namen, welche der jüdischen Buchstabiertafel entsprangen, wurden für andere deutsche Bürger verboten und waren nur für Juden zulässig. Da jedoch nicht jeder jüdische Bürger einen der aufgeführten Namen trug, mussten diese Zweit- oder Drittnamen angenommen werden. Die männlichen Bürger erhielten oftmals den Zweitnamen „Israel“, die weiblichen Bürger den Namen „Sara“.

Da diese beiden Namen jedoch nicht in Stein gemeißelt waren, wurden auch andere, teils stark abwertende, Zweit- oder Drittnamen vergeben. Es wurden sogar ganze Ratgeber mit Vornamen germanischen Ursprungs geschrieben, in welchen auch hebräische Namen aufgelistet wurden. Diese wurden gesondert gekennzeichnet und es wurde ausdrücklich darauf hingewiesen, diese Namen zu vermeiden.

Unter diesen Namen fanden sich beispielsweise:

- David
- Nathan
- Samuel
- Anne
- Hanna
- Lilli

Gegen Ende des 20. Jahrhunderts entwickelte sich dann ein Hang zum Namen „Nadine“, welcher sich auf die ARD Serie „Härte 10“ zurückführen lässt.

Die französische Schauspielerin in der Hauptrolle der Nadine bezauberte massenhaft Zuschauer und verhalf so dem Vornamen „Nadine“ zu einem gewaltigen Aufschwung.

Zudem begannen die ersten Anglizismen (also englische Begriffe, welche in andere Sprachen übernommen wurden) als Vornamen zu dienen.

Die ersten Anglizismen-Namen waren „Moon“, „Sunshine“ und „Summer“. Auch „Fox“ kam später hinzu.

Das 20. Jahrhundert war also eine Hemmungsphase für jüdische (Vor)Namen und stellt ein eher dunkles Zeitalter für die Namensvergabe dar. Andererseits muss das Positive im Negativen gesehen werden. Denn durch die eher demütigenden Namensvergaben an jüdische Mitbürger und Mitbürgerinnen, wird klar, wie wichtig und einflussreich ein Name sein kann. Dieses Thema wird innerhalb eines späteren Kapitels aufgegriffen, welches sich mit dem Zusammenhang von Namen und beruflichem Erfolg beschäftigt.

Doch das 20. Jahrhundert hatte auch seine positiven Seiten. Die Anglizismen fanden ihre Wege in unsere Vornamen.

Das 21. Jahrhundert

Ich möchte hier auf sehr zeitnahe Ereignisse der Namensveränderungen eingehen. Dafür habe ich den Zeitraum zwischen 2016 und 2021 gewählt.
Da sich, bedingt durch die Zuwanderung ausländischer Personen, immer mehr exotische Namen etablieren, lohnt sich für diesen Unterpunkt eine Aufzählung der beliebtesten Namen zwischen 2016 und 2021.
Bitte wundern Sie sich nicht, dass in den Aufzählungen kaum exotische Namen vorkommen. Diese Namen sind zwar deutlich häufiger zu hören, aber werden in Deutschland selbst kaum vergeben.
Die Auflistungen beziehen sich also auf die in Deutschland vergebenen Namen.

Was ganz besonders ins Auge sticht, ist die Häufung „weich" klingender Namen. Also (Vor)Namen, welche harmonisch und flüssig klingen. Dafür sorgen hauptsächlich die Vokale, beziehungsweise Selbstlaute in den Vornamen.
Vokale (A, E, I, O, U) sind im Allgemeinen sehr stimmhaft und lassen nicht nur Namen, sondern auch andere Worte schön klingen.

Die Tendenz zu Selbstlauten im Namen steigerte sich über die letzten Jahre. Auch der Hang zur Vergabe von Namen mit positiven oder starken Bedeutungen stieg an.
Um Ihnen dies zu veranschaulichen, folgen nun fünf Auflistungen zu den drei beliebtesten Vornamen in jedem Jahr, zwischen 2016 und 2021.

2016
1. Mia; die Ungezähmte.
2. Emma; die Fleißige.
3. Sophia; die Weisheit.

1. Ben; das Glückskind.
2. Paul; der Kleine.
3. Jonas; die Taube.

2017
1. Emma
2. Hannah; die Anmutige.
3. Mia

1. Ben
2. Jonas
3. Leon; der Löwe.

2018
1. Emma
2. Mia
3. Hannah

1. Ben
2. Paul
3. Leon

2019
1. Emma
2. Emilia; die Eifrige.
3. Hannah

1. Ben
2. Paul
3. Finn; der Vagabund.

2020
1. Mia
2. Emilia
3. Hannah

1. Noah; der Trost schaffende.
2. Ben
3. Matteo; Gabe Jahwes.

2021
1. Hannah
2. Emilia
3. Mia

1. Matteo
2. Leon
3. Finn

Wie Sie sehen können, haben sich vor allem die Mädchennamen in den letzten fünf Jahren kaum verändert. Das könnte an den weichen Klängen der Namen liegen, sicher geklärt ist diese Vermutung jedoch nicht.

Im Allgemeinen fällt auf, dass auch heute noch immer biblische Namen eine gewisse Häufigkeit haben. Tatsächlich ist den wenigsten Personen bewusst, woher ihr eigener Name oder der Name ihrer Kinder, Haustiere oder Ähnlichem stammt und die biblische Verbindung ist häufig reiner Zufall.

Zu guter Letzt möchte ich nun noch auf die Einflüsse der stetig wachsenden Völkerbewegung eingehen. In den letzten Jahren vervielfachten sich die Asylsuchenden nicht nur in Deutschland! Auch in Österreich, den Niederlanden und der USA werden immer mehr Flüchtlinge aufgenommen. Diese Bewegung bringt nicht nur „fremde" Kulturen und Traditionen mit sich!

Da in weit entfernten Ländern nun einmal andere Sprachen gesprochen werden, werden Namen mit gleichen Bedeutungen auf Deutsch und beispielsweise Türkisch völlig unterschiedlich aussehen.

Doch auch andersherum funktioniert dieses Prinzip. Namen, welche gleich geschrieben oder gesprochen werden, können verschiedenartige Bedeutungen haben. Dabei ist die Herkunft des Namens von Bedeutung. Wie Sie erfahren haben, stammen die meisten Namen aus uralten Sprachen stammen. Die Ableitung der Bedeutung ist nur möglich, wenn man diese Sprachen zumindest ansatzweise verstehen kann.

Am besten sehen Sie sich diese beiden Beispiele an.
Im ersten Exempel nutzen wir die beiden Mädchennamen „Luna" und „Natsuki" – bis auf die Tatsache, dass beide Namen „der Mond" bedeuten, haben die Namen nicht viel miteinander zu tun.

„Luna“ lässt sich dabei beispielsweise vom spanischen Wort „la luna“ (also der Mond) ableiten.

„Natsuki“ hingegen ist ein Name aus dem japanischen Raum der Welt. Dort ist die Bedeutung eine von vielen, da im Japanischen sogenannte „Kanji-Zeichen“ als Schrift genutzt werden.

Je nachdem, welches Kanji-Zeichen genutzt wird, bedeutet der Name „Natsuki“ etwas anderes.

Das zweite Beispiel ist der Name „Luis“.

Dies ist die spanische und deutsche Schreibweise von „Louis.“ Während „Luis“ auf Deutsch und Spanisch die Bedeutung „Kampf“ trägt, verbinden die Niederländer damit „die Laus“. Solche Verschiedenheiten in Namensbedeutungen sind natürlich nicht vollständig vermeidbar. Dennoch sollten Sie zumindest bei den viel gesprochenen Sprachen wie Englisch, Spanisch oder Italienisch einen kurzen Gegencheck der Bedeutung des von Ihnen gewünschten Namens durchführen.

Dafür können Sie entweder die einzelnen Bedeutungen im Internet nachschlagen oder Sie orientieren sich an den Auflistungen in diesem Ratgeber. Dort finden Sie alle gängigen Bedeutungen der genannten Namen auf den Sprachen Deutsch, Englisch, Spanisch und Italienisch.

Häufig sind die Bedeutungen jedoch identisch.

Das 21. Jahrhundert bringt also bisher viele exotische, biblische und Modenamen mit sich. Vor allem Mädchennamen scheinen eine gewisse Modenamenstendenz zu entwickeln. Was genau Modenamen sind und wie sie entstehen, können Sie im übernächsten Kapitel nachschlagen.

In Kürze

Von der Antike bis heute veränderten sich unsere (Vor)Namen, in der

- Schreibweise, weil sie von anderen Sprachen übernommen wurden,
- Bedeutung, weil sich die Sprachen und somit Wörter änderten,
- Häufigkeit. Seit dem 21. Jahrhundert entstehen deutliche Modenamen,
- Aussprache, da Namen eingedeutscht wurden,
- Bewertung, bezogen auf jüdische Mitbürger im dritten Reich. Dort wurden negative oder abwertende Zweit- oder Drittnamen zur Verspottung vergeben.

1.5 Die richtige Schreibweise, Aussprache und Betonung

Ich möchte in diesem Kapitel mit der Schreibweise beginnen. Später folgen dann die Aussprache und Betonung. Bei allen Namen gilt jedoch, aufgrund der fehlenden gesetzlichen Regelung:

Die Schreibweisen, Aussprachen und Betonungen sind nicht in Stein gemeißelt!

Die gesetzliche Regelung der Schreibweisen

Um zumindest eine gewisse Leitlinie zu besitzen, werden Namen nach den Rechtschreibregeln des Dudens geschrieben.

Diese „Regelung“ kann jedoch problemlos umgangen werden, wenn Eltern den Wunsch nach einer anderen Schreibweise äußern. Dieser Wunsch muss an den zuständigen Standesbeamten herangetragen werden.

Die „richtige“ Schreibweise des Vornamens

Bevor ich auf die Details und Abwandlungen bezüglich der Sprachen eingehe, möchte ich Sie auf einen wichtigen Stichpunkt hinweisen.

Bitte vermeiden Sie willkürlich ausgewählte Schreibweisen wie „Kerstyn“. Sollten Sie sich einen einzigartigen Namen für Ihr Kind wünschen, suchen Sie sich lieber einen anderen Namen aus, als geläufige Namen völlig anders zu schreiben. Bewusstes Vergeben von häufigen Namen in anderer Schreibweise wird immer wieder dazu führen, dass Ihr Kind entweder falsch geschrieben wird oder gezwungen ist, den Namen zu buchstabieren.

Nun aber zu den „richtigen“ Schreibweisen verschiedener Vornamen.

- Häufige fremdsprachige Vornamen wie ... Louis, Inès und Paulus sollten eingedeutscht werden.

- Seltene fremdsprachige Vornamen wie ... Brian oder Nicole sollten in der originalen Schreibweise übernommen werden.

- Fremdsprachige Namen mit Macron oder Akzent ... sollten aufgrund der Betonung nicht ohne oder mit versetztem Markon geschrieben werden.

- Lateinische Namen mit „ca, co, cu, cl“ sollten durch „ka, ko, ku, kl“ ersetzt werden.

- Lateinische Namen mit „ce, ci“ werden zu „z“.
- Historische Namen wie „Caesar“ sollten in der historischen Schreibweise bleiben.
- Griechisch-lateinische Namen mit „ch“ bleiben im Deutschen, wie in der Originalform. Im niederdeutschen oder nordischen werden diese hingegen meistens durch „k“ ersetzt.
- Namen, welche mit „t“ oder „d“ am Ende geschrieben werden können, werden im Deutschen meistens mit „d“ geschrieben.
- Namen, welche mit „f“ oder „v“ am Anfang geschrieben werden können, werden im Deutschen meistens mit „V“ geschrieben.
- Namen mit „ph“ können zu „f“ gewandelt werden. Dies ist jedoch kein Muss.
- Namen mit „th“ werden oft durch „t“ ersetzt, da das „h“ bereits seit vielen Jahren ohnehin nicht mehr ausgesprochen wird.
- Namen mit „ai“ bleiben bei „ai“, aufgrund einer oberdeutschen Schreibtradition.
- Alte deutsche Namen mit „i“ sollten zu „ie“ gewandelt werden.
- Englische Kosenamen die auf „y“ enden, enden im Deutschen auf „i“.

Bei Vornamenkombinationen und miteinander verbundenen Vornamen verhält sich die Schreibweise wie folgt.

- Es darf kein Komma zwischen die Vornamen gesetzt werden.

- Durch einen Bindestrich verbundene Namen gelten als ein einziger Vorname.

- Mehr als zwei Vornamen mit einem Bindestrich zu verbinden, sollte vermieden werden, da ansonsten alle Namen ausgeschrieben und -gesprochen werden müssen.

- Bei Doppelformen wie „Karlheinz“ gibt es mehrere richtige Schreibweisen. Sowohl „Karl Heinz“, „Karl-Heinz“ wie auch „Karlheinz“ sind korrekt. Entscheiden Sie sich daher bitte für eine dieser Schreibweisen.

Die richtige Aussprache

Da Namen deutlich öfter ausgesprochen als ausgeschrieben werden, sollte darauf geachtet werden, dass die Aussprache leicht verständlich ist. Hierzu gibt es einige wenige, recht simpel zu verstehende, Anhaltspunkte, die auf die meisten Vornamen angewendet werden können.

Da jedoch die Aussprache, Schreibweise und Betonung eines jeden individuellen Namen nicht gesetzlich vorgegeben ist, kann trotz gängigen Anhaltspunkten, die Aussprache falsch sein. Dies ist jedoch nur bei Einzelfällen spürbar.

Wenn Sie nicht wissen, wie ein Name ausgesprochen wird,

- fragen Sie einfach den Namensträger,
- sprechen Sie ihn aus, wie man ihn schreibt.
- ... versuchen Sie den Namen aus Ihnen bekannten Wörtern oder Städten und deren Aussprache abzuleiten.

Gerade der „Städtetrick“ kann sehr hilfreich sein.

Die wenigsten Menschen sprechen „San José“ aus, wie die Stadt geschrieben wird. Das wäre auch tatsächlich falsch, denn „San José“ wird „San Chose“ mit Betonung auf dem „e“ ausgesprochen.

Auch „Versailles“ ist ein gutes Exempel.

Die französische Nachbarstadt von Paris wird „Versai“ ausgesprochen. Das doppelte „l“ sowie das „es“ am Ende fallen also weg. Im Gegensatz zum französischen Versailles, welches ohne den hinteren Teil ausgesprochen wird, könnte man auf die spanische Stadt „Sevilla“ blicken.

Diese wird „Sevija“ ausgesprochen. Daher ist es von Vorteil zu wissen, woher der schwer auszusprechende Name stammt. In den meisten Fällen wird ein doppeltes „l“ jedoch wie „j“ ausgesprochen.

Gehen wir hierfür nun einmal zusammen die Ausspracheregeln von Englisch, Spanisch, Französisch und Deutsch ein. Zudem habe ich kurz einen wichtigen Teil der Aussprache in Mandarin, also Hochchinesisch, für Sie zusammengefasst. Zwar ist es unwahrscheinlich, dass Ihnen in Deutschland ein Name begegnet, welcher auf Mandarin ausgesprochen werden sollte, aber es kann mit Sicherheit nicht schaden es einmal gelesen zu haben.

Englisch

Englisch hat eine relativ unbeständige Aussprache. „Summer" wird „Sumr" ausgesprochen, „Jacob" wird „Tschäikob" ausgesprochen und dann gibt es noch Wörter wie „Worcestershire", welche selbst von nativen Sprechern der englischen Sprache falsch ausgesprochen werden.
„Worcestershire" ist eine Grafschaft in England und wird „Wusdischer" gesprochen.

Diese Tatsache macht die Aussprache von englischen Namen hin und wieder schwer. Informieren Sie sich daher am besten vorab wie der Name ausgesprochen werden sollte.

Spanisch

Das spanische Alphabet besitzt eine stetige Aussprache der Vokale. Hier werden A, E, I, O, U wie „ah", „eh", „ee", „oh" und „oo" gesprochen. Kombinationen wie das doppelte „l" existieren in der spanischen Sprache massig. Um die Erklärungen so prägnant wie möglich zu halten, habe ich Ihnen die richtige spanische Aussprache von Buchstabenkombinationen aufgelistet.

- „ll" wird „j" ausgesprochen.
- „ca", „co" und „cu" werden „ka", „ko" und „ku" gesprochen.
- „ga", „go" und „gu" bleiben ein „g".
- „ge" und „gi" werden zu „che" und „chi".
- „h" wird nicht ausgesprochen. Beispielsweise „Hondura" – die richtige Aussprache wäre „Ondura".

- „j“ wird zu „ch“.
- „ñ“ wird wie „nj“ gesprochen.
- „qu“ wird zu „k“.
- ein alleiniges „r“ wird sanft gerollt, zwei „r“ hintereinander werden stark gerollt.
- „v“ und „u“ werden wie „b“ beziehungsweise „w“ gesprochen.
- „z“ wird zu dem englischen „th“.

Französisch

Wenn ein Name auf einen Konsonanten, also auf einen der 21 Buchstaben abgesehen von a, e, i, o, u, endet, wird der letzte Buchstabe nicht ausgesprochen.

Die französische Sprache hat einige Betonungsregeln, welche später folgen.

Deutsch

Auch deutschen Muttersprachlern können manche Doppellaute Schwierigkeiten bereiten. „Ei“ und „ie“ haben jedoch einen tollen Nebeneffekt an sich!

Sie können sich bei beiden Doppellauten an den zweiten Buchstaben halten. „Ei“ wird also auf „i“ betont und „ie“ auf „e“.

Mandarin

Mandarin ist die einzige Sprache dieser Erklärung, welche weder einen germanischen noch lateinischen Ursprung hat. Mandarin findet den Ursprung im Chinesischen und weist eine nicht vollständig geklärte Herkunft auf.

Hochchinesisch ist die, laut UNESCO, am schwersten zu lernende Sprache unseres Planeten. Daher wird meine Erklärung nur kurz ausfallen und lediglich einen kurzen Einblick in die richtige Aussprache geben. Sie müssen nicht verstehen, warum die Aussprache ist, wie sie ist. Diese Details könnten einen eigenen Ratgeber füllen.

„Q“ ist ein „ch“, „X“ ein „sh“ und „Z“ wird wie „dr“ ausgesprochen. Also wird der Name „Xiaojin Zhu“ so ausgesprochen: „Shiaojin Drew“
Die richtige Betonung

Die Betonung beziehe ich, aufgrund der bereits recht ausführlichen Aussprache Erklärung, lediglich auf Spanisch und Französisch.

Spanisch besitzt nur ein Macron: ´ - von links unten nach rechts oben.

Französisch hingegen zwei: ´ - von links unten nach rechts oben. ` - von rechts oben nach links unten.

Spanische Wörter und Namen mit Macron werden immer auf die Silbe, welche das Zeichen beinhaltet, betont.

Französische Wörter hingegen werden völlig anders ausgesprochen, je nachdem in welche Richtung das Macron deutet. Außerdem besitzt das französische „C“ hin und wieder eine sogenannte Cedille.

- „é“ wird zu „ay“
- „è“ wird hingegen zu „eh“
- „ç“ wird wie „ss“ gesprochen.

In Kürze

Sie verstehen nun,

- die am häufigsten genutzten Schreibweisen und deren Sinn,
- die Grundlagen der französischen, spanischen, deutschen und englischen Aussprache,
- die Betonung von Macrons in Spanisch sowie Französisch.

1.6 Was sind Modenamen

Modenamen und Namenstrends sind nur theoretisch vorhanden. Ganz grundlegend beschreiben die beiden Begriffe nichts anderes als häufiger vorkommende Namen als andere. Nun sprechen wir bei „häufig“ aber von wenigen, wenn überhaupt einem einzigen Prozent.

Deutschlands Modename für Mädchen 2020 war „Emilia“ zu finden. Der Namenstrend für Jungen lag bei „Noah“. Obwohl die rein logische Betrachtung der „Häufigkeit“ von Modenamen bereits Aufschluss darüber gibt, wie häufig diese wirklich sind, gehen noch immer viele Menschen davon aus, dass „viele“ Personen einen Modenamen tragen.

Ich möchte es Ihnen kurz vorrechnen:

- Emilia wurden exakt 1,54 % aller 2020 in Deutschland geborenen Mädchen getauft.

- Nach dem Statistischen Bundesamt wurden 2020 insgesamt 773.144 Kinder in Deutschland zur Welt gebracht. Davon seien rund 375.756 Kinder weiblich gewesen.

Das sind etwa 48,60 %.

- Wie wir wissen, heißen 1,54 % der 375.756 Mädchen „Emilia“. Das sind dann rund 5.786 Kinder.

- Die knapp 15.500 deutschen Grundschulen nehmen also in einigen Jahren knapp 773.144 Kinder in die erste Klasse auf. Davon, wie erwähnt, 375.756 Mädchen und somit 5.786 Emilias.

15.500 Grundschulen machen rund 46.500 erste Klassen aus.

Also:

- 5.786 Emilias verteilt auf 46.500 Klassen geben eine 12 % Chance, dass ein Kind namens Emilia in einer Klasse auftaucht.
- Die Wahrscheinlichkeit, dass zwei Emilias in dieselbe Klasse kommen beträgt also nur etwa 6 %.

Oder ganz einfach gesagt:

Modenamen sind nicht wirklich häufig anzutreffen. Die Sorge darüber, dass ein Namenstrend das eigene Kind zu einem von vielen macht, ist also unbegründet. Zudem werden Namen, welche nicht nahezu einzigartig sind, auch deutlich leichter verstanden und abgespeichert.

Wie genau Namenstrends entstehen, ist nicht geklärt. Die Theorie, dass das Internet, Medien und Stars einen starken Einfluss nehmen, galt lange Zeit als Begründung für Namenstrends. Jedoch wurde diese Theorie mehrfach widerlegt – kaum eine Medienberühmtheit konnte nachweislich zu einem Aufschwung eines Namens beitragen. Durch verschiedene Studien und Beobachtungen wurde jedoch festgestellt, dass „Modenamen“ durch Nachahmung entstehen.

Dieser Fakt mag sich in gewissem Maß mit dem vorherigen beißen – schließlich sind Medienberühmtheiten heutzutage wichtiger als je zuvor. Dennoch scheint die Nachahmung eher im privaten, nahen oder sozialem Umfeld einen Effekt auf uns zu haben. Wir scheinen also noch immer Personen unseres Umfelds durch die Namensvergabe ehren zu wollen, welche uns beeindrucken oder uns am Herzen liegen.

Ebenso lässt sich ein mit den Jahren immer weiter abschwächendes Merkmal der Namenstrends in den unterschiedlichen sozialen Schichten beobachten.
Während im Mittelalter Namen von heiligen Personen zuerst vom Adel und der Oberschicht getragen wurden, bevor sich die Namen „abwärts" zur Mittel- und Unterschicht der Gesellschaft bewegten, gilt dies heute kaum noch.

Anfang des 21. Jahrhunderts wurde festgestellt, dass mittlerweile die deutsche Oberschicht eher zu traditionell deutschen Namen sowie zur Vergabe von Zweit- und Drittnamen neigt. Die deutsche Mittel- und Unterschicht nutzt hingegen häufiger einzelne Vornamen, welche aus dem Französischen oder Englischen stammen.

Ebenfalls spannend ist die Beobachtung, dass miteinander verbundene geschlechterspezifische Vornamen häufig auf ähnlichen Plätzen in der Rangliste liegen.
Beispielsweise „Leon" und „Lea".

In Kürze

Merkmale von Modenamen und Namenstrends:

- sind weniger häufig als gedacht,
- veränderten sich mit der Zeit,
- entstehen vor allem durch das private Umfeld,
- können aufgrund traditioneller Namenswahl entstehen,
- je nach Trend, können sie auf eine gewisse soziale Schicht hinweisen.

1.7 Welche Verbindung haben Namen mit unserer Persönlichkeit?

Ob tatsächlich eine Verbindung zwischen Charakter und Name eins Lebewesens besteht, ist nicht wissenschaftlich belegt. Belegt ist jedoch, dass Namen eine gewisse Wirkung auf unser Erscheinungsbild gegenüber anderen Personen haben.

Zu einem Teil stimmt der Satz „Nomen est omen“ oder zu Deutsch „Name ist Schicksal“ also. Wie genau Ihr eigener Name und der Name Ihres Kindes das Leben beeinflusst, möchte ich Ihnen nun erläutern.

„Sag mir, wie du heißt und ich sage dir, wer du bist.“

Kurze Namen

Je kürzer ein Name ist, desto besser passt er zu unserer Welt ohne Zeit. Sehr kurze Namen müssen nicht abgekürzt werden, sie sind flott gesprochen und wirken außerdem jung. Laut Sprachforschern wirken Personen mit kurzen und prägnanten Namen zudem zielstrebiger und bündiger.

Lange Namen

Obwohl lange Namen häufig als altmodisch oder unschön empfunden werden, verbinden die meisten Menschen noch immer Intelligenz und Expertise mit ihnen.

Dieser Zusammenhang erschließt sich vermutlich durch das assoziierte Alter und damit verbundene Weisheit des Trägers.

Namen mit vielen Vokalen

Gerade a, e und i sind besonders beliebt. Das liegt daran, dass diese als „helle“ Vokale gelten und eine freundliche, offene Persönlichkeit vermuten lassen. O und u hingegen sind „dunkle“ Selbstlaute und werden eher mit einer zurückhaltenden und tiefgründigen Person verbunden.
Für beide Varianten gilt jedoch – je mehr Vokale im Namen sind, desto melodischer klingt er.

Der Anfangsbuchstabe

„P“ und „F“ gelten laut denselben Sprachforschern als unsichere Personen, was sich an der Handschrift und dem Bild des eigenen Namens erkennen lassen soll. Kippt ein Name oder Buchstabe beim Schreiben eher etwas zur Seite, soll der Namensträger weniger standfest im Leben sein.

Ein bedeutsamer, aber leider oft unvorteilhafter Punkt, eröffnet sich in der Hinsicht auf das schulische und berufliche Leben eines Menschen. Obwohl die meisten Lehrkräfte und Führungspositionen sich größte Mühe machen, um allen gleich gegenüberzutreten, bestimmt auch bei diesen Personen gegenüber anderen der erste Eindruck. Dieser Moment kann bereits vieles über den weiteren Verlauf des Zusammenlebens entscheiden.

Sie kennen es sicherlich selbst, dass Ihnen manche Menschen scheinbar grundlos unsympathisch sind. Vielleicht redet der Mensch für Ihren Geschmack zu laut oder zu leise. Hin und wieder mögen Sie es nicht, wie der Mensch lacht. Es gibt auch eindeutigere Fälle, in welchen Sie sich auch an unwichtigen Kleinigkeiten stören. Beispielsweise daran, wie eine Person ihre Kaffeetasse hält.

Genau solche Vorurteile sind völlig normal. Sobald Sie das erste Mal einem fremden Menschen gegenübertreten, entsteht in Ihrem Kopf ein vorläufiges erstes Bild von dieser Person. Genau dasselbe passiert währenddessen im Kopf der anderen Person über Sie.

Zu diesem Eindruck gehören wenige, aber sehr elementare, Dinge:

- Wie ist die Person gekleidet?
- Ist die Person gepflegt?
- Strahlt der Mensch Sympathie und Vertrauenswürdigkeit aus?
- Strahlt die Person Autorität aus?
- Wie heißt die Person, wie alt ist sie und woher stammt sie?
- ...

Da wir den perfekten Namen für Ihr Kind finden wollen und nicht an einem Doktortitel in Humanpsychologie interessiert sind, sollten diese paar Stichpunkte genügen.

Damit Ihnen das Verstehen leichter fällt, möchte ich Sie bitten sich für die nächsten paar Absätze etwas Zeit zu nehmen.

Es folgen nun Namensbeispiele. Lesen Sie diese, halten Sie kurz inne und notieren oder merken Sie sich Ihre ersten Gedanken zu den jeweiligen Namen. Blättern Sie dann weiter zur nächsten Seite.

- Kevin
- William
- John
- Alice
- Karin
- Hedvig

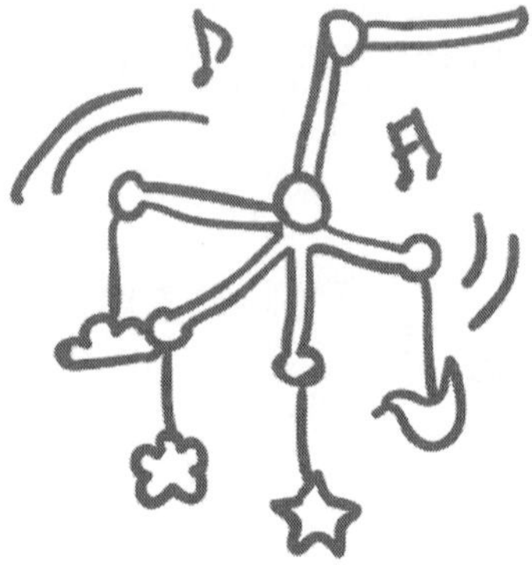

Sie haben mit Sicherheit versucht an jeden der Namen vorurteilslos heranzugehen. Das ist auch absolut richtig so. Womöglich haben Sie sogar das Gefühl, dass Sie keine Vorurteile gegenüber einem der Namen haben. Das ist jedoch, rein menschlich, unmöglich.

Lösen wir das kleine Gedankenspiel auf.

Kevin und Karin gelten bereits seit Jahren als eher unattraktive, wenig intelligente und einfältige Namen. Beachten Sie das Phänomen, welches ich im 1.6 Modenamen Kapitel angesprochen habe. Die beiden Namen sind sich ähnlich und werden ähnlich interpretiert.

Alice und William hingegen werden als melodische, attraktive und überaus intelligente Namen wahrgenommen. Zu dem Namen „Alice" gibt es einen weiteren Fakt, welcher nicht wirklich wichtig, aber humorvoll ist. Aufgrund des Märchens „Alice im Wunderland" denken die meisten Personen bei „Alice" an eine schlanke, blonde, junge und kluge Frau.

An diesem Beispiel lässt sich hervorragend erkennen, wie sehr sich Bilder in unseren Gedanken verankern.

John und Hedvig, letzteres ist ein primär weiblicher Vorname, sind nur sporadisch anzutreffen. Durch ihren Klang und die aus dem Rahmen fallend seltene Nutzung wirken die beiden Vornamen stark, mysteriös und verleihen ihrem Träger einen Pluspunkt in Sachen Interessenerregung.

Im schulischen und beruflichen Umfeld eines Menschen kann ein Name mit schlechtem Ruf stark hinderlich wirken. Auch bei der potenziellen Partnerwahl fallen Personen mit unattraktiven Namen schneller durch das Raster als andere.

Insofern hat unser Name also nicht unbedingt etwas mit unserer Persönlichkeit, aber mit der Reaktion auf uns zu tun.

In Kürze

Vornamen sind eng verbunden mit:

- dem ersten Eindruck einer Person,
- der Reaktion eines anderen auf den Namensträger,
- dem sozialen und beruflichen Erfolg oder Misserfolg.

1.8 Welcher Vorname passt zu welchem Nachnamen?

Auch Nachnamen haben Bedeutungen. Die meisten Familiennamen deuten auf einen Herkunftsort, einen ursprünglichen Beruf oder auf Vorfahren hin, doch auch Helden- oder Schandtaten können mit alten Nachnamen die weit zurückreichen einhergehen. Es ist also möglich, die Kombination aus Vor- und Nachnamen zu einer sinnvollen Bedeutung zu schließen.

Abgesehen von der Bedeutung des Wortes, ist der Klang entscheidend. Diesem möchte ich mich innerhalb des Kapitels annehmen. Die Bedeutungskombinationen sollten Sie im Internet nachlesen, da die Nachnamen viele verschiedene Interpretationen zu lassen.

Wichtig ist es, dass die Länge des gesamten Namens passt. Zu langen Nachnamen passen kurze und wenige Vornamen, während zu kurzen Nachnamen längere oder mehrere Vornamen passen. Allgemein ist der Gesamtklang eines Namens allerdings subjektiv zu betrachten.

In Spanien sind viele und lange Namen für eine Person völlig normal, während die Deutschen zu prägnanten Namenskombinationen tendieren.

Das wohl beste Beispiel für lange und viele Namen ist die Namenskombination von Pablo Picasso. Der spanische Maler heißt mit vollem Namen „Pablo Diego José Francisco de Paula Juan Nepomuceno María de los Remedios Cipriano de la Santísima Trinidad Ruiz y Picasso."

Solche Kombinationen wären in Deutschland höchst merkwürdig zu betrachten.

Orientieren Sie sich daher an folgenden Beispielen.

Eine eher zu lange Namenskombination wäre: „Annemarie Elisabeth Zimmermann“ Obwohl die Kombination nicht schlecht klingt, ist das dauernde Ausschreiben völlig unmöglich. Mit größter Wahrscheinlichkeit würde aus „Annemarie Elisabeth“ also „Annemarie“ oder nur „Anne“ werden.

Zu kurz geraten wirkt dieser Name: „Jan May“ Besser wäre etwas wie „Johannes May“ oder „Jan-Philipp May“ gewesen.

Stimmige Kombinationen sehen hingegen so aus:

- Anne Zimmermann
- Jan-Philipp May
- Amelie Sonntag
- Philipp Konrad
- ...

In Kürze

Um einen Namen im Gesamten stimmig zu machen,

- sollten lange Nachnamen mit kurzen Vornamen kombiniert werden,
- bietet es sich an, kurze Nachnamen mit langen oder mehreren Vornamen zu verknüpfen.

1.9 Online Namensgeneratoren – nützlich oder sinnfrei?

Sowohl als auch. Nützlich können die Generatoren vor allem dann sein, wenn Sie noch keinerlei Ideen haben. Sie bieten wohl eine der größten Wissenssammlungen unserer Zeit und deshalb werden Ihnen jedenfalls zahlreiche verschiedene Namen geboten.

Einige der Generatoren und Webseiten können konfiguriert werden und zeigen dann nur Namen an, welche mit dem von Ihnen ausgewählten Merkmalen übereinstimmen.
Was diese kleinen schlauen Helfer jedoch nicht können: die Bedeutung und die Herkunft eines jeden einzelnen Namen heraussuchen und erklären. Nun, genaugenommen könnten sie es. Die technischen Möglichkeiten sind mehr als vorhanden, allerdings müssen Sie bedenken, dass hinter den Webseiten und Generatoren ein menschlicher Urheber sitzt.

Da der Besitzer der Webseite bereits genug an den einfachen Namensvorschlägen verdient, wird er es sich nur unwahrscheinlich zur Aufgabe machen, für jeden Namen auch eine korrekte Bedeutung von der Maschine zu verlangen.

Daher sind lediglich gut programmierte und liebevoll gestaltete Generatoren wirklich sinnvoll. Für Herkunft, Bedeutung und Ähnliches rate ich Ihnen dazu in diesem Ratgeber oder im Internet nachzuschlagen.

2. Rechtliches rund um Namen

Im zweiten Kapitel und allen Unterpunkten erkläre ich Ihnen die rechtlichen Grundlagen der Namensvergabe. Die gesetzlichen Regelungen, welche ich beleuchte, gelten allerdings nur für Deutschland und können sich mitunter über die Zeit verändern.

Um die rechtlichen Ausführungen möglichst kurzzuhalten, ist dieses Kapitel im Stil einer FAQ aufgebaut.

2.1 Rechtliche Bestimmungen zur Namensgebung in DE

Eltern dürfen grundsätzlich frei entscheiden, wie ihr Kind heißen soll. Über allen anderen Gesetzen, Regelungen, Abwandlungen und ungeschriebenen Gesetzen gilt: Das Wohl des Kindes muss gewährleistet sein.

Das Kind darf also nicht durch den vergebenen Namen absichtlich beeinträchtigt, herabgesetzt oder bloßgestellt werden.

2.2 Was muss berücksichtigt werden?

Namen dürfen vom Standesamt abgelehnt werden. Wenn dies passiert und Ihnen die Entscheidung ungerechtfertigt vorkommt, sind Sie dazu befugt, Einspruch einzulegen. Einen Einspruch müssen Sie jedoch rechtfertigen und mit Argumenten stützen können. Außerdem sollte der Name des Kindes sowie die Schreibweise bei der Anmeldung der Geburt mitgeteilt werden. Ab wann ein Kind schlussendlich einen Namen tragen muss, finden Sie weiter unten.

2.3 Wer entscheidet, welche Vornamen genehmigt werden?

Das zuständige Standesamt, welches auch über die Anmeldung der Geburt in Kenntnis gesetzt wurde. Ob ein Name angenommen oder abgelehnt wird, wird nach der sogenannten „Dienstanweisung für Standesbeamte und ihre Aufsichtsbehörden" entschieden. In dieser ist festgelegt, dass das Kindeswohl nicht beeinträchtigt werden darf und bei Fremdnamen die Regelungen eingehalten werden.

2.4 Verbotene Namen innerhalb Deutschlands

Folgende Namen wurden aufgrund anstößiger Bedeutungen, schwierigen historischen Verhältnissen oder anderen Gründen abgelehnt:

- Waldmeister
- Junge
- Lenin
- Rosenherz
- Schroeder
- Bierstübl
- Satan
- Atomfried
- Judas
- Tom Tom
- Holgerson
- Lord
- Gucci
- Whisky
- Thanatos
- Verleihnix

und viele weitere.

2.6 Kuriose aber zugelassene Namen in Deutschland

Folgende Namen wurden von Standesbeamten zugelassen, obwohl sie kurios erscheinen:

- Adermann
- Alemmania
- Apple
- Biene
- Blaubeere
- Brain
- Magic
- Mikado
- Milka
- Galaxina
- Waterloo
- Windsbraut
- Schokominza
- Prestige
- Ikea
- Godpower
- Emilia-Extra

und viele mehr.

2.7 Derselbe Vor- wie Nachname? Ist das erlaubt?

Ja. Mittlerweile müssen Vornamen nicht mehr als ein solcher erkennbar sein, sondern dürfen auch als Nachname gelten. Das bedeutet, dass theoretisch auch ein „Martin Martin" erlaubt wäre. Von solchen Kombinationen rate ich allerdings dringend ab! Die Schikane wäre ansonsten vorprogrammiert.
2.8 Wann und wie wird ein zweiter Vorname vergeben?

Genau wie der erste Vorname muss der Zweit- oder Drittname beim Standesamt geprüft und zugelassen werden. Eine spätere Änderung der Vornamen ist nur unter begrenzten rechtlichen Ausnahmen möglich, daher müssen alle Vornamen zur selben Zeit vom Standesamt genehmigt werden.

Wenn Sie sich also einen Zweit- oder Drittnamen für Ihr Kind wünschen, sollten Sie diesen noch vor der Geburt oder im weiter unten angegebenen Zeitraum an das zuständige Standesamt herantragen.

2.9 Wie viele Zweitnamen sind in Deutschland erlaubt?

Gesetzlich ist keine Obergrenze festgelegt. Üblicherweise werden jedoch nur zwei Vornamen vergeben, da mehrere Vornamen zu lebenslangen unangenehmen Situationen führen würden.

Außerdem sollten Sie bedenken, dass Ihr Kind und auch andere Personen bei rechtlichen Dokumenten immer den vollständigen Namen (einschließlich aller Zweitnamen) vermerken müssen.

2.10 Wo kann man den eigenen Vornamen ändern lassen?

Per entsprechenden Formularen können Sie eine Namensänderung beim zuständigen Standes- oder Bürgeramt beantragen. Sie müssen beweisen können, dass Ihr Name zu großer seelischer Belastung oder Behinderung im Alltag führt. Zudem müssen Sie Ihre Geburtsurkunde, eine Meldebescheinigung oder Ihren Ausweis als Kopie hinterlegen.

Meistens wird vom Amt ein psychologisches Gutachten verlangt, welchem Sie sich unterziehen müssen. Die Kosten variieren zwischen 250 € und rund 500 €, da jedes Dokument an den neuen Namen angepasst werden muss.

2.11 Kann ich den Namen meines Kindes nachträglich verändern?

Nicht ohne Weiteres. Es fallen die bei 2.10 genannten Kosten, Bescheide und Gutachten an.

2.12 Ab wann benötigt mein Kind einen Vornamen?

Der vollständige Name des Kindes sollte am besten bereits vor der Geburt mitgeteilt werden. Spätestens einen Monat nach der Geburt des Kindes muss ein Name feststehen.

3. Gesellschaftliche und kulturelle Einflüsse auf Namen

Durch den Wandel der Gesellschaft und unsere kulturellen Traditionen wandeln sich auch unsere Namen.

Da bereits im ersten Kapitel die Einflüsse auf Namen im Detail von mir beleuchtet wurden, möchte ich Ihnen das dritte Kapitel nur mit einigen wenigen Sätzen und Stichpunkten beleuchten.

3.1 Welche Faktoren nehmen Einfluss?

Der größte Einfluss auf uns stammt, in fast jeder Lebenslage, von unserem näheren Umfeld. Zu diesem zählen unsere Freunde, Verwandte, Familie aber auch unsere Arbeitskollegen und Bekannten.

Dieser Faktor ist gesellschaftlich und unglaublich einflussreich. Geht es einem geliebten Menschen schlecht, fühlen wir uns nicht mehr so gut wie zuvor. Erreicht ein Familienmitglied einen Meilenstein im Leben, wie zum Beispiel eine Heirat, einen Schulabschluss oder auch eine Genesung, fiebern wir mit und freuen uns.

So funktioniert auch der gesellschaftliche Faktor in der Hinsicht auf die Namenswahl. Menschen, welche uns begeistern oder einen wichtigen positiven Effekt auf unser Leben haben, sind uns sympathisch. Es ist also wahrscheinlich, dass Sie dazu tendieren, ihr Kind nach einem dieser Menschen zu benennen oder einen darauf bezogenen Zweitnamen zu vergeben.

Im Gegensatz dazu stehen logischerweise die Personen, welche wir nicht mögen oder mit schweren Zeiten verknüpfen. Die Namen dieser Menschen werden immer einen bitteren Beigeschmack haben.

Früher lief dieser gesellschaftliche Aspekt im eigenen Dorf oder der Heimatstadt ab, wohingegen heutzutage sogar Freunde vom anderen Ende der Welt eine starke Auswirkung auf uns haben.

Durch Postwege, das Internet und die sozialen Medien werden stetig mehr Menschen Zeuge unseres Alltags. Von Models, über Stars, hin zu Autoren, weiter zu Schauspielern, bis zu Freunden auf der anderen Erdhalbkugel.

Dieser Wandel ist vermutlich der Grund dafür, dass der gesellschaftliche Einfluss nicht mehr so stark ist, wie er es einmal gewesen ist.

Der kulturelle Einfluss hat sich von Anbeginn der Zeitrechnung, genau genommen sogar weit vor dieser, unaufhörlich verändert und angepasst. Nicht nur unsere eigenen Traditionen, Rituale und Sitten haben sich aufgrund verschiedener Ereignisse verändert! Durch die Völker- und Auswanderungen kamen auch neue Kulturen zustande.

Die Vielfalt an eigentlich ausländischen Speisen, ist eines der bekanntesten Beispiele für den Einfluss anderer Kulturen. Jeder von uns kennt Pizzen, Döner oder auch Wokgerichte. Genau wie tolle Speisen brachten andere Kulturen uns auch wunderschöne Namen mit. Je größer der Einfluss einer anderen Kultur wird, desto wahrscheinlicher wird es auch, dass die Namenswahl sich dahingehend verändert.

3.2 Welche Auswirkungen hat ein Name mit schlechtem Ruf?

Wie alle Dinge im Leben, ist ein Name mit schlechtem Ruf ein zweischneidiges Schwert. Einerseits werden Namen wie „Kevin“ belächelt und häufig benachteiligt, andererseits lässt sich besser abgrenzen, wer ein Buch nicht nach seinem Einband beurteilt.

Ich möchte anhand der Namen „Kevin“ und „Mandy“ knapp erklären was ein schlechter Namensruf bewirken kann.

- Der oder die Namensträger/in wird oft schon beim ersten Kennenlernen als wenig intelligent empfunden.

- Der oder die Namensträger/in wird mit einer Flut an Hohn zu kämpfen haben.

- Die beruflichen Erfolgschancen sinken aufgrund der Vorurteile.
- Der soziale Status leidet unter dem schlechten Ruf.
- Im schlimmsten Fall werden „Kevin“ und „Mandy“ sogar von vorneherein gemieden.
- Personen, welche nicht an den Vorurteilen festhalten, können treue Wegbegleiter werden.

Wie Sie sehen, sollten Sie in Verruf geratene Namen für ihr Kind meiden. In Deutschland sind folgende Namen ungern gesehen:

- Kevin; das geliebte Kind
- Mandy; die Liebenswerte
- Justin; der Gerechte
- Chantal; der Felsbrocken
- Adolf; edler Wolf
- Greta; die Perle
- Jason; der Heilende
- Luca; der Mann aus Lucanien
- Lisa; die Gottgeweihte
- Claudia; die Verschlossene
- ...

4. Tipps zur Namenfindung

Hier finden Sie nun nochmals die allerwichtigsten Tipps, Tricks und nützlichen Helfer in Kürze zusammengefasst wieder.

Für die, die noch gar keine Ideen haben:

- Sehen Sie sich in unseren Namenslisten um und stöbern Sie in aller Ruhe durch die verschiedensten Namen samt Bedeutungen und Herkunft.

- Nutzen Sie Online Namensgeneratoren und schreiben Sie die schönsten Vorschläge auf. Hierbei sollten Sie jedoch auch die Bedeutung im Internet ergründen.

Für die Unentschlossenen:

- Vergeben Sie einen Zweitnamen. Welche Namen zusammenpassen könnten, können Sie in Kapitel 1.3 nachlesen.

- Suchen Sie nach einem weiteren Namen, welcher beiden Elternteilen gefällt.

- Wählen Sie den Namen aus, welcher einen besseren Ruf oder eine schönere Bedeutung aufweist.

Allgemeine Tipps:

- Eine verständliche Aussprache.

- Eine simple oder gängige Schreibweise.

- Überlegen Sie sich, welche Kose- oder Spitznamen entstehen könnten.
- Harmonieren Vor- und Nachname miteinander?

- Wie wird der Name in anderen Ländern ausgesprochen und geschrieben?

5. Die beliebtesten Vornamen

Ab diesem Kapitel finden Sie keine gewöhnlichen Auflistungen mehr, sondern Vornamen samt Bedeutung, Herkunft und ein paar interessante Fakten zu dem jeweiligen Namen. Da nicht jeder Name mit lesenswerten Informationen zusammenhängt, können die Beschreibungen für manche Namen etwas kürzer ausfallen als andere.

Da nicht in jeder deutschen Stadt dieselben Vornamen gleich häufig auftreten, sind die Listen nicht absolut verlässlich. Die männlichen Vornamen sind durch ♂, die weiblichen Namen durch ♀ kenntlich gemacht.

Unisex-Namen sind durch beide Symbole gekennzeichnet.
Dennoch viel Spaß beim Stöbern.

1920 - 1930

♀ Ursula
Aus dem Lateinischen übersetzt bedeutet Ursula „die kleine Bärin“. Der Namenstag ist am 21. Oktober, dort wird auch das „Fest der heiligen Ursula“ gefeiert. Ursula ist zudem der Name der bösen Seehexe in Disneys Filmreihe „Arielle – die kleine Meerjungfrau“

♂ Günther
Von dem althochdeutschen Namen „Gundheri“ abgeleitet, welcher so viel wie „Das Heer des Kampfs“ bedeutet. Der Namenstag wird am 09. Oktober gefeiert. Günter Grass ist ein bekannter Namensträger. Er wurde 1999 mit dem Literaturnobelpreis gekrönt.

♀ Hildegard
Ebenfalls ein althochdeutscher Name mit der sinngemäßen Bedeutung „Schutz / Hort des Kampfs“. Am 17. September feiert dieser Name seinen Namenstag. Dort wird das „Fest der heiligen Hildegard“ gefeiert, welche als Namensvorbild dient. Sie ist zur Schutzpatronin der Sprachforscher ernannt und heiliggesprochen worden.

♂ Heinz
Eine verkürzte Form vom Namen „Heinrich“. Beide Namen sind althochdeutsch und bedeuten „der Hausherr“. Die Namenstage belaufen sich auf den 10. Juni sowie den 13. Juli.

♀ Gerda
Der altnordische Name bedeutet „Hort“ oder „Schutz“. Je nach Auslegung sind die Namenstage folgenden Daten zugeordnet: 05. März, 17. März, 13. August, 17. November. „Die Schneekönigin“, ein altes Märchen, diente als Vorlage für Disneys „Die Eiskönigin“. In der Originalversion hieß eine der Hauptfiguren Gerda.

♂ **Horst**
Abgeleitet aus dem niederdeutschen bedeutet der Name „Wald" oder auch „Dickicht". Der 12. Oktober und 13. Juli sind die beiden zugehörigen Namenstage. Da Horst Wessel in nationalsozialistischer Propaganda als Märtyrer (ein Mensch, welcher für seinen Glauben sogar sterben würde) galt, ist der Name in Verruf geraten.

1930 - 1940

♀ **Helga**
Dieser Name stammt aus Schweden. Die Bedeutung „die Heilige" oder auch „die Geheilte" ist überaus positiv. Der 7. Mai, 8. Juni und 11. September gelten als Namenstage der heiligen Helga. Eine bekannte Figur aus der Serie „Hey Arnold!" heißt ebenfalls Helga. Helge oder Helgo gelten als männliche Gegenstücke.

♂ **Wolfgang**
Der Name stammt aus dem Althochdeutschen und bedeutet „der Wolfsgänger" oder auch „der, der mit dem Wolf kämpft". Am 31. Oktober wird der Namenstag gefeiert. Johann Wolfgang von Goethe ist ein bekanntes Beispiel des Vornamens. Für diesen Namen ist kein verwandter Name bekannt.

♀ **Ingrid**
Auf altnordisch setzt sich der zweigliedrige Name zu „die schöne Göttin" zusammen. Am 09. Oktober und dem 02. September feiert man die Namenstage. Ingrid Klimke ist eine deutsche Vielseitigkeits- und Dressurreiterin und ein schönes Namensbeispiel. Alle Namen wie Ingo, Ingvar oder Ingolf sind mit Ingrid verwandt.

♂ **Klaus**
Dieser altgriechische Name bedeutet „Sieger des Volkes“. Die drei Namenstage belaufen sich auf den 10. September, 25. September und 06. Dezember. Bruder Klaus, ein schweizer Einsiedler und Mystiker, ist ein bekannter Namensträger. Nicole ist die weibliche Form von Klaus.

♀ **Renate**
„Die Wiedergeborene“ leitet sich aus dem Lateinischen ab. Am 22. und 23. Mai feiert der Name gleich zwei Tage lang seinen Namenstag. Eine bekannte Schauspielerin wäre Renate Blume. Die männliche Variante lautet Renato.

♂ **Peter**
Anders als häufig angenommen kommt dieser Name nicht aus dem Germanischen, sondern aus dem Altgriechischen. Übersetzt bedeutet er „der Fels“. Am 29. Juni und 09. Dezember feiert man die Namenstage. Ein bekannter Historiker ist Peter Brandt. Die weibliche Form ist Petra.

1940 - 1960

♀ **Petra**
Der Name stammt aus dem altgriechischen Raum. Die Übersetzung lautet „der Fels“. 29. Juni und 31. Mai bilden die Namenstage. Petra Nemcova, ein tschechisches Model, ist eine bekannte Namensverwandte. Die männliche Form des Namens lautet Peter.

♂ **Frank**
Auf ein althochdeutsches Wort bezogen, bedeutet Frank „der Franke“. Jedoch ist auch die Übersetzung „der Freie“ richtig. Der 04. Oktober ist der Namenstag. Bruder Frank war ein Musiker und ein bekanntes Idol für den Namen Frank. Das weibliche Gegenstück ist Franka.

♀ ♂ Gabriele
Dieser Vorname stammt aus dem hebräischen und ist in dieser Schreibweise als Unisex-Name gültig. Die weibliche Übersetzung lautet „Gott ist mein Held“. Die männliche Version hingegen bedeutet „Held Gottes“.Beide Versionen feiern am 24. März,12. Juli sowie dem 12. und 29. September Namenstag. 1940 bis 1960 wurde jedoch fast ausschließlich die weibliche Form vergeben. Besonders interessant: „Nena“ heißt eigentlich Gabriele Kerner.

♂ Uwe
Auch dieser Name stammt aus dem Althochdeutschen. Die Bedeutung lässt sich als „der Besitzer“ oder „der Herrscher“ deuten. Der 3. und 4. Juli sowie der 01. August gelten als Namenstag. Uwe Ampler, ein Rennradfahrer, gilt außerdem als bekannter Namensträger.

♀ Sabine
Obwohl der Name in vielen Ländern vertreten ist, stammt er aus dem Lateinischen. „Die Sabinerin“ beschreibt die Zugehörigkeit zum Volk der Sabiner. Am 27. August und 29. Oktober werden die Namenstage gefeiert. Eine bekannte Leichtathletin heißt Sabine Braun.

♂ Peter
Anders als häufig angenommen kommt dieser Name nicht aus dem Germanischen, sondern aus dem Altgriechischen. Übersetzt bedeutet er „der Fels“. Am 29. Juni und 09. Dezember feiert man die Namenstage. Ein bekannter Historiker ist Peter Brandt. Die weibliche Form ist Petra.

1960 - 1980

Um 1970 herum

♀ Kathrin

Als Kurzform von „Katharina“ geht auch dieser Vorname auf die altgriechische Sprache zurück. Er bedeutet „die Reine“ oder auch „die Aufrichtige“. Am 24. März, 29. April, 15. September, 25. September und 25. November werden die Namenstage gefeiert. Eine Internetpersönlichkeit mit dem Alias „Coldmirror“ heißt mit bürgerlichem Namen Kathrin Fricke. Eine männliche Version ist nicht bekannt.

♂ Thomas

Dies ist der erste aramäische Name der Auflistungen. Übersetzt bedeutet er „der Zwilling“. Die Namenstage sind am 28. Januar, 21. März, 3. Juli, 6. Oktober und am 21. Dezember. Thomas Felton, ein britischer Schauspieler und Sänger gilt als Namensvorbild. Thomasina ist die weibliche Form des Namens, welche jedoch kaum verbreitet ist.

♀ Annett

„Die Begnadete“, übersetzt aus dem Hebräischen. Der Namenstag für Annett ist am 13. Juni, 16. Juni, 17. Juli, 26. Juli und am 24. Oktober. Annett Fleischer ist ein Namensvorbild. Sie ist Moderatorin und Schauspielerin. Eine männliche Form ist nicht bekannt.

♂ Jens

Gilt als die dänische und friesische Kurzform des Namens „Johannes“. Der Ursprung ist jedoch hebräischer Natur. Der Namenstag für Jens ist am 31. Januar, 24. Juni 10. November und am 27. Dezember. Ein Handballspieler namens Jens Fiedler ist ein Namensvorbild. Das weibliche Gegenstück ist vermutlich Johanna.

♀ **Manuela**
Als kurze Form von „Emanuela" aus dem hebräischen bedeutet der Vorname „Gott ist mit uns." Der Namenstag für Manuela ist am 1. Januar, 20. März, 25. März, 26. März, 9. Oktober, 11. Oktober und am 24. Dezember. Michael Wiesbeck, eine Schauspielerin, dient uns als Namensvorbild. Manuel ist die männliche Form des Namens.

♂ **Andreas**
„Der Tapfere" oder auch „der Männliche" ist ein vorchristlicher altgriechischer Name. Der Namenstag für Andreas ist am 30. November. Andreas Bourani ist ein sehr bekanntes Vorbild. Gängig ist außerdem die weibliche Form „Andrea", um 1980 herum.

♀ **Kathrin**
Als Kurzform von „Katharina" geht auch dieser Vorname auf die altgriechische Sprache zurück. Er bedeutet „die Reine" oder auch „die Aufrichtige". Am 24. März, 29. April, 15. September, 25. September und 25. November werden die Namenstage gefeiert. Eine Internetpersönlichkeit mit dem Alias „Coldmirror" heißt mit bürgerlichem Namen Kathrin Fricke. Eine männliche Version ist nicht bekannt.

♂ **Christian**
Mit altgriechischem Ursprung und der Bedeutung „der Christ" oder auch „der Anhänger Christus" gedeutet. Der Namenstag für Christian ist am 21. März, 14. Mai, 27. Juli, 12. November, 4. Dezember und am 25. Dezember. Christian Ahlmann gilt als bekannter Springreiter. Das weibliche Pendant zu Christian ist Christina.

♀ **Anja**
Die Herkunft des Namens liegt im Hebräischen, die Verbreitung lässt sich vor allen Dingen im russischen, slowenischen und skandinavischen Sprachraum erkennen.

Anja bedeutet „die Anmutige“. Namenstag wird am 26. Juli gefeiert. Anja Antonowicz ist eine bekannte polnische Schauspielerin und ein tolles Namensvorbild. Anjo ist das männliche Gegenstück.

♂ Stefan

Da dieser Name viele Bedeutungen hat, aber nur zwei häufig genutzt werden, beschränke ich mich auf diese beiden. „Der Gekrönte“ und „der Sieger“. Beides leitet sich aus dem Altgriechischen ab. Der Namenstag für Stefan ist am 2. Februar, 16. August, 26. Dezember sowie 27. Dezember. Stefan Bradl, ein berühmter Motorradrennfahrer, gilt als Namensvorbild. Die weibliche Form lautet Stefanie.

♀ Sandra

Dieser Vorname ist eine Abwandlung aus Alexandra und Kassandra. Alle drei stammen aus dem Altgriechischen. Außerdem sind für Sandra drei Bedeutungen bekannt: „die Beschützerin“, „die Verteidigung“ und „die Verführerin“. Der Namenstag für Sandra ist am 2. April. Eine bekannte Moderatorin heißt Sandra Maischberger. Die männliche Form lautet Alexander.

♂ Daniel

Der biblische Name stammt sowohl aus dem Hebräischen wie auch Aramäischen. Die Bedeutung ist ebenfalls biblisch: „Gott ist mein Richter“. Der Namenstag für Daniel ist am 21. Juli und am 11. Dezember. Daniel Becker ist eine Figur aus der Filmreihe „Fack ju Göthe“. Als weibliche Formen gelten Daniela und Daniella.

2000

♀ Marie
Der Ursprung ist hebräisch. Verbreitet ist er vor allem in Frankreich. „Die Ungezähmte“ ist die gängigste Bedeutung. Auch möglich, aber eher in Ägypten verbreitet, ist „die von Gott Geliebte“. Der Namenstag für Marie ist am 8. Juni und am 12. September. In dem beliebten Märchen „Frau Holle“ ist der Name Marie vertreten. Eine männliche Form ist nicht bekannt.

♂ Alexander
Der Name besitzt eine altgriechische Herkunft und bedeutet „der Beschützer“. Am 26. Februar, 3. Mai und dem 10. Juli sind die Namenstage. Alexander der Große und der König von Makedonien sind als Namensträger bekannt. Die weiblichen Formen lauten Alexandra und Sandra.

♀ Sophie
Der altgriechische Ursprung und die Verbreitung in vielen Sprachräumen führen zu der gängigen Bedeutung „die Weise“ oder auch „die Wissende“. Der Namenstag für Sophie ist am 15. Mai. „Miss Sophie“ ist eine Figur aus dem Silvesterkultfilm „Dinner for one“. Als männliches Gegenstück gilt Sofus.

♂ Maximilian
„Der Größte“, übersetzt aus dem Lateinischen. Der Namenstag für Maximilian ist am 12. März, 29. Mai, 12. Oktober und am 14. August. Maximilian Nagl ist ein berühmter Motocrossfahrer. Maximiliane ist die weibliche Form.

♀ Maria
Ebenfalls ein biblischer und hebräischer Name. Die Bedeutung lässt sich auf „der Meeresstern“, „die Verbitterte“, „die Geliebte“, aber auch „die Widerspenstige“ zurückführen. Der Namenstag für Maria ist am 1. Januar, 30. Januar, 2. Februar,

11. Februar, 6. Juli, 15. August und am 12. September. Maria Antonia Josepha Johanna war die letzte französische Königin. Eine männliche Version ist nicht bekannt.

♂ Lukas

Wie Lukas der Lokomotivführer aus „Jim Knopf“. Auch Lukas stammt aus dem Altgriechischen und ist mittlerweile weit verbreitet. Die Bedeutung ist positiv: „der Lichtbringer“. Der Namenstag für Lukas ist am und am 17. Februar und am 18. Oktober. Lucia ist die weibliche Form.

2010

♀ Mia

Vermutlich besitzt der Name einen hebräischen Ursprung. Die Bedeutung ist ebenfalls nicht ganz sicher. Möglich wären „die Widerspenstige“, „das Geschenk Gottes“ oder aber „die Geliebte“. Auch „die Meeresbittere“ oder „der Meeresstern“ sind mögliche Interpretationen. Der Namenstag für Mia ist am 12. September. „Mia“ ist eine der Figuren aus der Serie „Two and a Half Man“. Der passende Jungenname lautet Mio.

♂ Leon

Anders als andere Namen hat dieser keinen festen Ursprung. Sowohl im Altgriechischen, Lateinischen wie auch Althochdeutschen sind Wurzeln erkennbar: Abgeleitet aus diesen Sprachen bedeutet er „der Löwe“, „der Starke“ oder „der Kämpfer“. Der Namenstag für Leon ist am 20. Februar, 19. April, 20. Juli und am 6. November. Besonders bekannt ist noch immer die Figur „Leon“ aus „Die Wilden Kerle“. Der zugeordnete Mädchenname lautet Leonie.

♀ Hannah
Ein weiterer biblischer Name mit hebräischem Ursprung. Übersetzt bedeutet dieser „die Gnädige“, „die Anmutige“ und „die Liebreizende“. Der Namenstag für Hannah ist am 12. Dezember. Auch dieser Name ist in vielen Serien vertreten, unter anderem in „Supernatural“.Eine männliche Form ist nicht bekannt.

♂ Lukas
Wie Lukas der Lokomotivführer aus „Jim Knopf“ Auch Lukas stammt aus dem Altgriechischen und ist mittlerweile weit verbreitet. Die Bedeutung ist positiv: „der Lichtbringer“. Der Namenstag für Lukas ist am und am 17. Februar und am 18. Oktober. Lucia ist die weibliche Form.

♀ Lena
Gilt als Kurzform von Magdalena und Helena. Ersteres besitzt einen hebräischen, Letzteres einen griechischen Ursprung. Auch Lena besitzt mehrere Deutungen: wie „die Schöne“, „die Erhabene“ und „die Strahlende“. Der Namenstag für Lena ist am 26. Mai, 22. Juli und am 11. Dezember. 2016 nahm „Lena Bröder“ bei „Germanys Next Topmodel“ teil und wurde zu einem Vorbild. Männliche Varianten sind nicht bekannt.

♂ Finn/Fynn
Wie Fynn Kliemann, ein bekannter deutscher YouTuber der Handwerkskunst. Ein Unisexname, welcher eher für Jungen genutzt wird. Die Herkunft ist irisch sowie nordisch. Die Übersetzungen lauten „der/die Finne/in“ sowie „der/die Blonde“. Der Namenstag für Finn ist am 26. September. Fynn Kliemann, ein bekannter deutscher YouTuber der Handwerkskunst, ist ein aktuelles Namensvorbild. Die weiblichen Gegenstücke lauten Finja und Fynnja.

2020

♂ Emilia

Die Herkunft ist höchstwahrscheinlich lateinisch. Übersetzte bedeutet Emilia „die Eifrige“, „die Fleißige“ und „die Nachahmende“. Die Namenstage für Emilia sind am 5. Januar, 21. März und am 24. August. Als Namensvorbild habe ich Emilia Clarke, eine britische Schauspielerin gewählt. Das männliche Gegenstück ist Emilio.

♂ Noah

Ein Unisexname, welcher ebenfalls vor allem für Jungen verwendet wird. Die Bedeutungen lauten „die/der Tröstende“ und „die/der Beruhigende“. Der Namenstag für Noah ist am 16. Dezember. „Noah“ ist aus der Bibel bekannt. Ebenso auch in vielen Serien vertreten, beispielsweise in „The Walking Dead“ und „Dark“. Für Mädchen wird häufig die Variante „Noa“ genutzt.

♀ Hannah

Ein weiterer biblischer Name mit hebräischem Ursprung. Übersetzt bedeutet der Name „die Gnädige“, „die Anmutige“ und „die Liebreizende“. Der Namenstag für Hannah ist am 12. Dezember. Auch dieser Name kommt in vielen Serien vor, unter anderem in „Supernatural“. Eine männliche Form ist nicht bekannt.

♂ Leon

Besonders bekannt ist noch immer die Figur „Leon“ aus „Die Wilden Kerle“. Anders als andere Namen hat dieser keinen festen Ursprung. Sowohl im Altgriechischen, Lateinischen wie auch Althochdeutschen sind Wurzeln erkennbar: Abgeleitet aus diesen Sprachen bedeutet er „der Löwe“, „der Starke“ oder „der Kämpfer“. Der Namenstag für Leon ist am 20. Februar, 19. April, 20. Juli und am 6. November. Der zugeordnete Mädchenname lautet Leonie.

♀ Emma

Aufgrund der vermuteten althochdeutschen Herkunft ergeben sich die Bedeutungen „die Große“ und „die Allumfassende“. Der Namenstag für Emma ist am 31. Januar, 19. April, 27. Juni, 9. September und am 10. Dezember. „Emma Bovary“ ist die Hauptfigur des gleichnamigen Romans und ein schönes Beispiel. Ob eine männliche Version bekannt ist, ist nicht geklärt. Vermutungen zufolge kommt jedoch der Name „Emmerich“ in Frage.

♂ Paul

Aus dem Lateinischen übersetzt bedeutet dieser Name „der Kleine“ oder auch „der Junge“. Die Namenstage für Paul sind am 19. Oktober, 6. Februar und am 29. Juni. Paul Albert Gordan war ein bekannter Mathematiker. Die weibliche Form lautet Paula.

6. Die beliebtesten Namen der westlichen Welt

Die „westliche Welt“ setzt sich aus allen Ländern zusammen, welche einen europäischen Ursprung haben. Dazu zählen nicht nur westliche Länder, sondern beispielsweise auch die USA.
Besonders die europäische Kultur wird also als „westliche Welt“ bezeichnet.

Um das Kapitel nicht endlos lang zu gestalten, habe ich mich für sechs verschiedene Länder mit europäischer Kultur entschieden.
Die Namenslisten beziehen sich auf die am häufigsten gewählten Vornamen zwischen 2020 und 2021, da nicht für jedes Land eine brandaktuelle Auflistung vorliegt.

Zudem finden Sie zu jedem Land eine kurze Beschreibung der, den dort lebenden und geborenen Menschen, zugeordneten „Charaktereigenschaften. Diese sind natürlich nicht in Stein gemeißelt, aber je nach Land und Kultur lassen sich bestimmte Züge häufiger erkennen als andere.

Diese Informationen sind zwar nicht grundlegend wichtig für die Namenswahl, aber es ist interessant die Charaktereigenschaften und Merkmale von bestimmten Namen miteinander zu vergleichen.

6.1 Österreich

Österreicher verbinden klassische Musik, wohlschmeckende Kuchen, leckere Mozartkugeln und die malerische Alm mit waghalsigen Extremsportlern, deftigen Schnitzeln, humorvollen Komödien und schrecklichen Adventskreaturen wie dem Krampus.

Diese beiden Extreme der Kultur verbinden sich im typischen Österreicher. Von Ausländern werden diese als freundliche, aber sehr konsequente und hin und wieder harsche Persönlichkeiten beschrieben. Besonders beliebt ist die österreichische Hausmannskost! Egal, ob Schnitzel oder Sachertorte – für jeden ist etwas dabei.

Auch die Musik von Mozart (und die nach ihm benannten Mozartkugeln) sowie humorvolle Filmreihen erfreuen sich größter Beliebtheit. Ein Beispiel wäre die „Sissi“ Filmreihe mit Romy Schneider. Ebenso humorvoll werden auch die Österreicher selbst wahrgenommen.

Der „Krampus“ ist ein Unwesen, welches am 05. Dezember sein Treiben mit lautem Gebrüll und Glockenlärm auf den Straßen Österreichs treibt. Der gruselige gehörnte Gefährte des Nikolaus bestraft die bösen Kinder. Seine konsequente und harsche Art zeigt das, nicht per se schlechte, Temperament des Österreichers.

♀ **Anna**
Der Disneyfilm „Die Eiskönigin“ machte den Namen Anna nochmals besonders präsent. Die Herkunft ist hebräisch, was sich auf die lange Form „Hannah“ zurückführen lässt. Übersetzt bedeutet der Name „die Anmutige“, „die Begnadete“ oder auch „die Liebreizende“. Der Namenstag für Anna ist am 21. April und am 26. Juli. Im Dänischen existiert eine männliche Form namens „Anaton“. Dem Namen sind durchweg positive Eigenschaften wie: ein offenes Gemüt, eine sympathische Ausstrahlung und eine solide Standhaftigkeit zugeordnet.

♂ **Lukas**
Wie Lukas der Lokomotivführer aus „Jim Knopf“. Auch Lukas stammt aus dem Altgriechischen und ist mittlerweile weit verbreitet. Die Bedeutung ist positiv: „der Lichtbringer“.
Die Namenstage für Lukas sind am und am 17. Februar und am 18. Oktober. Lucia ist die weibliche Form. Die Eigenschaften beziehen sich vor allem auf eine stark strahlende Aura und ein hohes Maß an Empathie.

♀ **Hannah**
Ein weiterer biblischer Name mit hebräischem Ursprung.
Übersetzt bedeutet dieser „die Gnädige“, „die Anmutige“ und „die Liebreizende“. Der Namenstag für Hannah ist am 12. Dezember. Auch dieser Name ist in vielen Serien vertreten, unteranderem in „Supernatural“. Eine männliche Form ist nicht bekannt. Diesem Namen werden ein sanftes Gemüt und eine liebliche, stark weibliche Prägung zugeordnet. Auch ein gewisses Maß an Schüchternheit gehört dazu.

♂ **Felix**
Der Name stammt aus dem lateinischen und bedeutet „der vom Glück begünstigte“ sowie „der Erfolgreiche“. Der Namenstag für Felix ist am 14. Januar, 18. Mai, 30. Mai, 12. Juli, 30. August und am 30. Dezember. Ein österreichischer Extremsportler namens Felix Baumgartner bietet sich als

Namensvorbild an. Die weibliche Form lautet „Felicia". Mit diesem Namen verbinden viele Menschen eine extrem aktive Person sowie eine große Reiselust.

♀ Lena

Gilt als Kurzform von Magdalena und Helena. Ersteres besitzt einen hebräischen und Letzteres einen griechischen Ursprung. Auch Lena besitzt mehrere Deutungen: wie „die Schöne", „die Erhabene" und „die Strahlende". Der Namenstag für Lena ist am 26. Mai, 22. Juli und am 11. Dezember. 2016 nahm „Lena Bröder" bei „Germanys Next Topmodel" teil und wurde zu einem weiteren Vorbild. Männliche Varianten sind nicht bekannt. Lena wird mit Schönheit, sanfter weiblicher Ausstrahlung sowie einem freundlichen Gemüt verbunden.

♂ Tobias

Auch dieser Name ist hebräisch und bezieht sich auf Jahwe, also Gott selbst. „Jahwe ist gnädig" lautet die Übersetzung. Der Namenstag für Tobias ist am 3. März, 2. November und am 13. September. Tobias Fulk alias „Tobinator" ist ein in Deutschland bekannter YouTuber der Videospielszene. Eine weibliche Form wäre Tabea. Mit Tobias werden insbesondere ein ruhiges Wesen und eine sympathische Wirkung auf Mitmenschen verbunden.

6.2 Schweiz

Die Schweizer gelten als höflich, zurückhaltend und überaus ordentlich. Außerdem schätzt man sie wegen ihrer stetig währenden Neutralität und der unglaublich guten Schokolade! Toblerone, Lindt und Ovomaltine sind hier beliebt.

Zudem schätzt man die vier Sprachen, welche die Schweiz vereint. Deutsch, Französisch, Italienisch und sogar Romanisch. Daher ist es nicht verwunderlich, dass viele Schweizer französische oder italienische Namen tragen. Auch die grundsätzliche Einsatzbereitschaft der Schweiz, wie am verpflichtenden Wehrdienst feststellbar ist, spiegelt sich in den Bewohnern wider.

Zu guter Letzt sind auch die Recyclingwerte der Schweizer hoch! Rund 90 % der Glasflaschen werden mehrmals verwendet.

♀ Mia

Der Ursprung ist nicht vollständig geklärt, aber geht vermutlich auf Hebräisch zurück. Die Bedeutung ist ebenfalls nicht ganz sicher. Möglich wären „die Widerspenstige", „das Geschenk Gottes" oder aber „die Geliebte". Auch „die Meeresbittere" oder „der Meeresstern" sind mögliche Interpretationen. Der Namenstag für Mia ist am 12. September. „Mia" ist eine der Figuren aus der Serie „Two and a Half Man". Der passende Jungenname lautet Mio. Mia wird gerne, bedeutungstreu, mit dem Meer verbunden. Die ruhige See mit Tiefgang aber auch die wütenden Stürme gehören dazu.

♂ Noah

Ein Unisexname, welcher ebenfalls vor allem für Jungen verwendet wird. Die Bedeutungen lauten „die/der Tröstende" und „die/der Beruhigende". Der Namenstag für Noah ist am 16. Dezember. „Noah" ist aus der Bibel bekannt. Ebenso ist der Name in unzähligen Serien vertreten, unter anderem in „The Walking Dead" und „Dark". Für Mädchen wird häufig die Variante „Noa" genutzt. Dieser Vorname wird mit empathischem Denken und einer ruhigen, wenn auch hin und wieder kühl und arrogant wirkenden, Aura verknüpft.

♀ Emma

Aufgrund der vermuteten althochdeutschen Herkunft ergeben sich die Bedeutungen „die Große" und „die Allumfassende". Der Namenstag für Emma ist am 31. Januar, 19. April, 27.

Juni, 9. September und am 10. Dezember. „Emma Bovary“ ist die Hauptfigur des gleichnamigen Romans und ein schönes Beispiel. Ob eine männliche Version bekannt ist, ist nicht geklärt. Vermutungen zufolge kommt jedoch der Name „Emmerich“ in Frage. Emma wirkt auffallend freundlich. Mit diesem Namen verbinden die meisten Personen liebenswürdige, gut erzogene junge Frauen.

♂ Liam

Ganz ursprünglich abgeleitet vom althochdeutschen Männernamen „Willhelm“ wurde in England „William“ genutzt. Von „William“ abgeleitet entstand dann „Liam“. Übersetzt bedeutet das „der Willensstarke“ und „der entschlossene Beschützer“. Der Namenstag für Liam ist am 1. Januar, 10. Januar, 10. Februar, 28. März, 20. April, 28. Mai, 4. Juli und am 13. November. Eine Figur aus „Pretty Little Liars“ hieß Liam Greene. Es wird vermutet, dass „Wilma“ das weibliche Gegenstück ist. Der Name Liam wird vor allem von Frauen überaus positiv bewertet. Häufig wird ihm eine Attraktivität und eine humorvolle Seite zugesprochen.

♀ Mila

Die slawische Herkunft verrät, dass es sich um eine kurze Variante von „Ludmila“, „Milena“ und „Miloslava“ handelt. Übersetzt bedeutet dies „die Liebe“ und „die Frieden Bringende“. Der Namenstag für Mila ist am 16. September. Mila Kunis ist eine bekannte US-Schauspielerin. Milo ist vermutlich das männliche Pendant. Der Name wird mit einem friedlichen, liebevollen Wesen und einem gutmütigen Charakter verbunden.

♂ Matteo

Ein weiterer Name hebräischen Ursprungs. Die Bedeutung ist folgende: „das Geschenk Gottes“ beziehungsweise „Gabe Jahwes“. Der Namenstag für Matteo ist am 24. Februar, 14. Mai, 18. Juli und am 21. September. Don Matteo ist eine Figur aus der gleichnamigen Serie. Die weibliche Version ist Mattea. Für diesen Namen sind nur wenige Verbindungen bekannt, unter anderem zum Beispiel eine gläubige Lebensweise.

6.3 Italien

Italiener sind, wie wir alle, mit Klischees überflutet. Einige entsprechen der Wahrheit und andere sind längst veraltet. Eine wahre Tendenz ist jedoch im Familienzusammenhalt zu finden. Insbesondere die Mütter sind für diesen verantwortlich. Zudem gelten Italiener als vernarrt in die eigene Schönheit, den Wein und ein gutes Essen.

Viele namhafte Modemarken, wie Gucci und Versace, stammen aus Italien. Dort wird Mode großgeschrieben. In Deutschland sind jedoch nicht nur die italienischen Modemarken bekannt! Auch Western-Filmstars Terence Hill und Bud Spencer sind waschechte Italiener.

Abgesehen von Film und Fernsehen bezaubern auch die Skulpturen, Gemälde und Opern italienischer Künstler. Abschließend darf auch der tief verankerte Glaube nicht vergessen werden.

♀ Sofia
Die Herkunft ist altgriechisch. Übersetzt bedeutet der Name „die Weise“ oder etwas allgemeiner „die Weisheit“. Der Namenstag für Sofia ist am 15. Mai, 3. September und am 30. September. Die Prinzessin von Schweden heißt im Übrigen Sofia. Die männliche Variante lautet Sofio. Mit Sofia wird ein gut erzogenes, reinliches und sensibles Mädchen verbunden.

♂ Leonardo
Die althochdeutschen Wurzeln des Namens lassen auf eine Verwandtschaft mit „Leon“ vermuten. Der ursprüngliche

Name könnte somit „Leonhard“ gewesen sein. Die Bedeutungen sind ähnlich. Leonardo bedeutet „der starke Löwe“, „der Löwenstarke“ und „mit der Stärke des Löwen“. Der Namenstag für Leonardo ist am 30. März, 6. November, 18. November und am 26. November. Leonardo Da Vinci ist einer der berühmtesten italienischen Künstler überhaupt. Die weibliche Form des Namens lautet Leonarda. Mit dem Namen werden eine gute Erziehung, künstlerisches Geschick und gutes Aussehen verbunden.

♀ Aurora

Ein römischer mythologischer Name, welcher der Gottheit der Morgenröte entspringt. Übersetzt bedeutet er daher „die Morgenröte“. Der Namenstag für Aurora ist am 1. April und am 4. Oktober. Aurora Sinistra ist eine Figur aus der Harry Potter Reihe. Eine mögliche, aber unbestätigte, männliche Form lautet Auron. Mit Aurora wird eine mystische Aura, eine tiefgreifende Emotionalität und häufig auch eine dunkle Haarfarbe verbunden.

♂ Francesco

Der Ursprung des Namens ist unbekannt, aber die Bedeutung ist klar. „Der kleine Franzose“. Am 24. Januar, 2. April, 2. September, 4. Oktober und 3. Dezember feiert der Name seinen Namenstag. Francesco Totti ist ein bekannter Fußballspieler. Die weibliche Form lautet Francesca.

♀ Giulia

Ist die lateinische Form von Julia. Übersetzt bedeutet der Vorname „die dem Jupiter Geweihte“. Der Namenstag für Giulia ist am 12. April, 22. Mai, 29. Mai, 21. Juli, 16. September und am 28. September. Giulia Enders ist eine bekannte Schriftstellerin. Der männliche zugeordnete Name lautet Julius. Giulia wird mit Schönheit, aber auch mit Arroganz verbunden.

♂ **Lorenzo**
Ein Name altrömischer Herkunft mit der Bedeutung „der Lorbeergekränzte“. Der Namenstag für Lorenzo ist am 21. Juli und am 10. August. Lorenzo Bandini ist ein bekannter italienischer Rennfahrer. Das weibliche Gegenstück zum Namen lautet Laura. Lorenzo wird mit einem hohen Maß an Intellekt und Intelligenz verbunden.

6.4 USA

Die Amerikaner gelten als abenteuerlustige, verrückte und lebensfrohe Partytiere. Viele erkennen diese Lebensfreude und ihre bunten Ideen jedoch als mangelnde Intelligenz an.

Ein weiterer Aspekt der USA ist das deftige Fast- und Junkfood. Die millionenfach vertretenen Fastfood- und Streetfoodketten sind mittlerweile weltweit berühmt. Weiterhin ist der Teamgeist nicht zu unterschätzen! Mannschaftssportarten wie Football sind sowohl an den Universitäten, Colleges sowie auch Zuhause beliebt.

Diners sind ebenfalls eine amerikanische Erscheinung. Diese galten lange Zeit als Treffpunkt unter der Woche, gleichen heute aber schon eher einem kleinen Restaurant. Die starke kulturelle Verankerung bleibt den Bewohnern der USA jedoch erhalten.

♀ **Isabella**
Dieser Name bedeutet „Gott ist Vollkommenheit“. Der Namenstag für Isabella ist am 22. Februar, 14. März, 29. März, 12. Juni, 4. Juli und am 16. September.

♀ **Sofia**
Die Herkunft ist altgriechisch. Übersetzt bedeutet der Name „die Weise“ oder etwas allgemeiner „die Weisheit“. Der Namenstag für Sofia ist am 15. Mai, 3. September und am 30. September. Die Prinzessin von Schweden heißt im Übrigen Sofia. Die männliche Variante lautet Sofio. Mit Sofia wird ein gut erzogenes, reinliches und sensibles Mädchen verbunden.

♂ **Liam**
Ganz ursprünglich abgeleitet vom althochdeutschen Männernamen „Willhelm“ wurde in England „William“ genutzt. Von „William“ abgeleitet entstand dann „Liam“. Übersetzt bedeutet das „der Willensstarke“ und „der entschlossene Beschützer“. Der Namenstag für Liam ist am 1. Januar, 10. Januar, 10. Februar, 28. März, 20. April, 28. Mai, 4. Juli und am 13. November. Eine Figur aus „Pretty Little Liars“ hieß Liam Greene. Es wird vermutet, dass „Wilma“ das weibliche Gegenstück ist. Der Name Liam wird vor allem von Frauen überaus positiv bewertet. Häufig wird ihm eine Attraktivität und eine humorvolle Seite zugesprochen.

♀ **Emilie**
Dieser Name bedeutet „die Fleißige“. Der Namenstag für Emilie ist am 5. Januar.

♂ **Dimitri**
Ein ursprünglich russischer Vorname mit der Bedeutung „der Sohn der Erdengöttin“. Der Namenstag für Dimitri ist am 9. April, 8. Oktober und am 26. Oktober.

6.5 Großbritannien

Höflichkeit, Anmut, kurze Smalltalks und penible Pünktlichkeit machen die Engländer aus. Egal, welche Frage oder Bitte auch gestellt wird: „Please“ (Bitte) gehört dazu. So ist es nicht gerade verwunderlich, dass auch „Thank you“ (Dankeschön), „You're welcome“ (Bitteschön) und „I'm sorry“ (Entschuldigung / Tut mir leid) auffällig häufig verwendet werden.

Die Smalltalks über das Wetter, das Zeitgeschehen oder ohne bestimmtes Thema spiegelt die Offenheit der Engländer wieder. An nahezu jedem öffentlichen Platz beginnen diese, gerne auch mit Fremden oder Ausländern, einen kurzen Plausch und schlagen somit ein wenig Zeit tot.

„Pünktlich wie die Kirchturmuhr“ – ein deutsches Sprichwort. In England gilt das Sprichwort ebenfalls, jedoch heißt es dort „You're right on time!“. Diese Eigenschaft lässt die Engländer ohne große Mühe bereits sehr kompetent und gut erzogen wirken.

♀ Olivia
Der lateinische Name bedeutet wörtlich übersetzt „die Olive“ oder „der Olivenbaum“. Der Namenstag für Olivia ist am 25. Juni, 5. März und am 10. Juni. Besonders bekannt ist die Travestiefigur von Oliver Knöbel, welche den Namen Olivia Jones trägt. Die männliche Form lautet Oliver. Mit Olivia wird eine friedliche und herzensgute Person verbunden.

♂ Oliver
Der lateinische Name bedeutet wörtlich übersetzt „die Olive“ oder „der Olivenbaum“. Der Namenstag für Oliver ist am 10. Juli und am 11. Juli. Besonders bekannt ist die Travestiekünstler Oliver Knöbel. Die weibliche Form lautet Olivia. Mit Oliver wird eine herzensgute, aufgeweckte und freche Person verknüpft.

♀ Amelia
Der Ursprung ist vermutlich Althochdeutsch. Die Übersetzung von Amelia lautet „die Tapfere". Der Namenstag für Amelia ist am 5. Januar, 21. März, 8. Juli und am 24. August. Lady Amelia Windsor ist eine britische Adelige. Das männliche Gegenstück ist vermutlich Amelio. Mit dem Namen wird eine zuvorkommende, freundliche und positiv gelaunte Person beschrieben.

♂ Harry
Die englische Variante des althochdeutschen Namens „Heinrich". Daher ist die Übersetzung nahezu identisch: „der Hausherr". Der Namenstag für Harry ist am 23. Januar, 10. Juni, 13. Juli und am 1. November. Sowohl der britische Sänger Harry Styles wie auch die fiktive Romanfigur Harry Potter sind bekannte Namensträger. Die weibliche Form ist Henriette. Mit Harry wird eine kühne, aber freundliche und offene Persönlichkeit verbunden.

♀ Isla
Weder der Ursprung, noch die Bedeutung diesem Namen sind geklärt. Vermutet wird jedoch ein schottischer Ursprung. Möglich sind die Bedeutungen „die Insel" oder „der Fluss". Isla Elizabeth Phillips ist die Urenkelin von Queen Elizabeth. Eine männliche Form ist vorhanden, aber ebenfalls nicht restlos geklärt und lautet Islay. Verbindungen zur Persönlichkeit sind aufgrund der Bedeutung nur schwer zu schließen.

♂ George
Ein altgriechischer Name mit der Bedeutung „der Bauer". Der Namenstag für George ist am 23. April. George Wesley ist eine weitere Figur aus der Harry Potter Reihe. Eine weibliche Form ist Georgia. Mit George wird stets eine kompetente und aufgeweckte Persönlichkeit in Verbindung gebracht.

6.6 Niederlande

♀ Sophie/Sofie

Der altgriechische Ursprung und die Verbreitung in vielen Sprachräumen führen zu der gängigen Bedeutung „die Weise“ oder auch „die Wissende“. Der Namenstag für Sophie ist am 15. Mai. „Miss Sophie“ ist eine Figur aus dem Silvesterkultfilm „Dinner for one“. Als männliches Gegenstück gilt Sofus. Auch dieser Mädchenname ist mit einer zarten und stark weiblich geprägten Trägerin verbunden.

♂ Lukas

Auch Lukas stammt aus dem Altgriechischen und ist mittlerweile weit verbreitet. Die Bedeutung ist positiv: „der Lichtbringer“. Der Namenstag für Lukas ist am und am 17. Februar und am 18. Oktober. Lukas der Lokomotivführer aus „Jim Knopf“ ist ein hervorragendes Namensvorbild. Lucia ist die weibliche Form. Die Eigenschaften beziehen sich vor allem auf eine stark strahlende Aura und ein hohes Maß an Empathie.

♀ Elíana

Ursprünglich hebräischer Name mit der Bedeutung „mein Gott ist Jahwe“ und „die Tochter der Sonne“. Der Namenstag für Elíana ist am 17. November. Es sind nur wenige, wenn überhaupt, berühmte Persönlichkeiten mit diesem Namen bekannt. Die männliche Form lautet Elias. Elíana besitzt keine bestimmten Verbindungen zu charakterlichen Zügen.

♂ Finn/Fynn

Ein Unisexname, welcher eher für Jungen genutzt wird. Die Herkunft ist irisch sowie nordisch. Die Übersetzungen lauten „der/die Finne/in“ sowie „der/die Blonde“. Der Namenstag für Finn ist am 26. September. Fynn Kliemann, ein bekannter deutscher YouTuber der Handwerkskunst, ist ein aktuelles Namensvorbild.Die weiblichen Gegenstücke lauten Finja und

Fynnja. Besonders humorvolle und aufgeweckte Gemüter gehören diesem Namen an.

♀ **Vajèn**
Über diesen Namen ist tatsächlich überhaupt nichts bekannt. Weder Ursprung, noch Bedeutung oder männliches Gegenstück sind auffindbar.

♂ **Liam**
Ganz ursprünglich abgeleitet vom althochdeutschen Männernamen „Willhelm“ wurde in England „William“ genutzt. Von „William“ abgeleitet entstand dann „Liam“. Übersetzt bedeutet das „der Willensstarke“ und „der entschlossene Beschützer“. Der Namenstag für Liam ist am 1. Januar, 10. Januar, 10. Februar, 28. März, 20. April, 28. Mai, 4. Juli und am 13. November. Eine Figur aus „Pretty Little Liars“ hieß Liam Greene. Es wird vermutet, dass „Wilma“ das weibliche Gegenstück ist. Der Name Liam wird vor allem von Frauen überaus positiv bewertet. Häufig wird ihm eine Attraktivität und eine humorvolle Seite zugesprochen.

7. Mädchennamen in alphabetischer Reihenfolge

Aada
Eine finnische Form von „Ada“, abgeleitet vom hebräischen Wort „adah“. Dies bedeutet „der Schmuck“, was zur Namensbedeutung „die Geschmückte“ führt.
Namenstage sind keine bekannt.

Aaliya/Aaliyah
Weder Herkunft, noch Bedeutung des Namens sind bekannt. Jedoch gibt es eine amerikanische Sängerin namens Aaliyah Dani Haughton.

Aba
Ein in Ghana, ein westafrikanischer Staat am Guineagolf, verbreiteter Name. Laut den Muttersprachlern bedeutet der Name „die am Donnerstag Geborene“. Namenstage sind nicht vorhanden.

Abbey
Hebräische Kurzform vom Name Abigail mit der Bedeutung „Vaterfreude“, abgeleitet von den Wörtern „ab“ (Vater) und „giyl“ (die Freude). Der Namenstag für Abbey ist am 5. Oktober. Innerhalb der Bibel heißt die Frau von König David Abigail.

Abelia
Eine spanische Form des Männernamens Abel, der Ursprung liegt im Hebräischen und Akkadischen. Abgeleitet werden die Wörter „häbäl“ (Hauch / Atem / Vergänglichkeit) und „aplu“ (der Sohn). Das führt zu folgender Bedeutung „der Hauch“ oder „die Vergängliche“. Namenstage gibt es nicht.

Abena
Ebenfalls in Ghana verbreitet. Die Muttersprachler übersetzen den Namen mit „die am Dienstag Geborene“. Namenstage sind nicht bekannt.

Abir
Ein arabischer Frauenname, welcher vor allem mit „der Frühlingsduft“ oder „der Blumenduft“ übersetzt wird. Eine Ableitung von arabischen Wörtern war bisher nicht möglich. Namenstage gibt es nicht.

Abla
Dieser Name hat vermutlich einen afrikanischen oder arabischen Ursprung. Die afrikanische Übersetzung „wilde Rose“ ist unbestätigt. „Frau von üppiger Statur“ ist die arabische Variante. Namenstage gibt es nicht. Ein bekannter arabischer Dichter namens „Antarah ibn-Schaddad“ widmete seiner Frau „Abla“ massenweise Gedichte.

Abril
Die Herkunft ist in jedem Fall lateinisch. Der Name selbst gilt als spanischer Vorname und beschreibt den Monat „April“. Namenstage gibt es nicht.

Acerina
Überlieferungen zufolge ist dies der Name einer Königin der Insel „La Palma“. Diese gilt zu den Kanarischen Inseln. Weder Bedeutung, noch Herkunft sind bekannt. Auch Namenstage gibt es keine.

Ada / Adda
Ein Name hebräischen Ursprungs, welcher aufgrund der Ableitung von „adah“ meistens für einen adeligen Verbindungsstrang steht. Übersetzt bedeutet dieser „der Schmuck“, „die Geschmückte“ oder auch „die Edle.“ Im afrikanischen Sprachraum bedeutet der Name „die erstgeborene Tochter“. Der Namenstag für Ada ist am 5. Februar und am 28. Juli.

Adele
Die Kurzform vom französischen Vornamen „Adelaide“. Hier wird der Ursprung im althochdeutschen vermutet, was zur

Bedeutung „die Vornehme“ führt. Der Namenstag für Adele ist am 3. Januar, 5. Februar, 28. März, 16. Dezember und am 24. Dezember. Die britische Sängerin Adele Laurie Blue Adkins, alias „Adele“ ist eine bekannte Namensträgerin.

Adowa
Ein Vorname aus Ghana, welcher ebenfalls „die am Dienstag Geborene“ bedeutet. Namenstage gibt es nicht.

Adriana
Ursprünglich ein Name der römischen Mythologie, heute ein vor allem italienischer Vorname. Der Name bedeutet „die aus Adria stammende“. Adria war eine Hafenstadt der römischen Mythologie. Der Namenstag für Adriana ist am 9. Januar, 9. Juli und am 8. September.

Aenne
Die skandinavische Form von Anna und Anne. Alle drei Namen haben einen hebräischen Ursprung. Die Bedeutung ist ebenfalls identisch: „die Liebreizende“, „die Anmutige“ sowie „die Begnadete“. Der Namenstag für Aenne ist am 8. Februar, 26. Juli, 5. Oktober, 8. Oktober und am 26. November.

Afiya
Ein Name aus der Sprache Suaheli. In Kenia und Tansania, in den zwei ostafrikanischen Ländern, ist dieser Name weit verbreitet und äußerst positiv belegt. Dies liegt an der simplen Bedeutung: „Gesundheit“. Namenstage gibt es jedoch auch hier keine.

Agata / Agatha
Ein typisch griechischer Name mit der Bedeutung „die Gute“. Abgleitet wird dies vom Wort „agathós“ (gut). Der Namenstag für Agatha ist am 21. Januar und am 5. Februar.

Agnes / Agnès
Beide Schreibweisen haben sowohl einen altgriechischen wie auch lateinischen Ursprung. Vom Griechischen übersetzt bedeutet der Name „die Reine", „die Heilige" sowie „die Geweihte". Auf Lateinisch hingegen „das Lamm". Der Namenstag für Agnes ist am 21. Januar und am 2. März.

Aiko
Ein japanischer Name, welcher dort als Unisex gilt. Die Bedeutung lautet „das Kind der Liebe". Dies lässt sich von den beiden japanischen Worten „Ai" (Liebe / Zuneigung) und „Ko" (Kind) ableiten. Namenstage sind keine bekannt.

Aileen / Ayleen
Vermutungen zufolge stammt der Name aus dem gälischen oder altirischen Sprachraum. Die Bedeutungen sind nicht geklärt. Jedoch ist die irische Übersetzung, aufgrund der vermuteten Herkunft, am wahrscheinlichsten: „Schein des Mondes". Der Namenstag für Ayleen ist am 26. April, 8. August, 18. August und am 15. November.

Aimée
Ein Name mit lateinischem und altfranzösischem Ursprung. Häufig gilt dieser auch als französische Variante von „Amata". Übersetzt wird er mit „die Geliebte", was vom lateinischen Wort „amatus" (Liebe) abgeleitet wird. Der Namenstag für Aimée ist am 20. Februar.

Ajita
Ein indischer Name mit der Bedeutung „Unbesiegbar". Das Wort „a-jita" (nicht erobert) ist die Grundform des Namens. Namenstage gibt es nicht.

Akelei
Woher dieser Name stammt ist unbekannt. Jedoch wird er mit der Pflanze „Akelei" in Verbindung gebracht. Diese wird

mit Liebe und Verführung, aber auch mit ihren giftigen Stoffen verknüpft. Aus dem Lateinischen „aqua“ (Wasser) und „legere“ (sammeln) ergibt sich „die Wassersammlerin“. Namenstage wurden bisher keine hinterlegt.

Alana
Besitzt vermutlich eine irische oder aber keltische Herkunft. Mögliche Bedeutungen lauten „schönes Kind“ und „liebes Kind“. Der Namenstag für Alana ist am 8. September und am 14. Oktober.

Alara
Ein türkischer Name, welcher sich auf den gleichnamigen Fluss im Taurusgebirge bezieht. Außerdem trug ein nubischer Herrscher den Namen. Daher wird die Bedeutung „Wasserfall“ vermutet. Namenstage gibt es keine.

Alaska
Dieser Name bezieht sich auf den Bundesstaat Alaska. Aufgrund der geografischen Lage Alaskas ergeben sich die Bedeutungen: „großes weites Land“, „Land in dessen Richtung der Ozean strömt“ und „wo die See bricht“. Namenstage sind nicht bekannt.

Aleen
Die schottische und keltische Form von „Helena“. Daher die identischen Bedeutungen: „die Fackel“ und „die Strahlende“. Der Namenstag für Aleen ist am 3. Februar, 26. April, 21. Mai und am 18. August.

Aleksandra / Alexandra
Die erste Schreibweise wird auf Russisch, Polnisch und Slawisch genutzt. Die Bedeutungen der beiden Varianten sind sich gleich: „die Beschützerin der Männer“. Der Namenstag für Aleksandra ist am 21. März, 21. April und am 18. Mai.

Alette
Eine weitere, französische, Kurzform von „Adelheid". Die Bedeutung lautet „von edlem Wesen". Der Namenstag für Alette ist am 5. Februar, 28. März und am 16. Dezember.

Aleyna
Eine moderne Form von „Alayna". Beide weisen einen arabischen Ursprung und eine gehäufte Verbreitung in der Türkei auf. Übersetzt bedeuten die beiden Varianten „Gottes Liebling". Der Namenstag für Aleyna ist am 1. Juni und am 1. Juli.

Alice
Die englische Version von „Adelheid". Die Bedeutung lautet „von edler Gestalt". Der Namenstag für Alice ist am 9. Januar, 5. Februar, 11. Juni, 13. Juni, 15. Juni, 11. November und am 16. Dezember.

Aliénor
Die französische Abwandlung des Namens „Eleonore". Vom germanischen Wort „ali" (anders) abgeleitet bedeuten die Namen „die Fremde". Die Namenstage sind ungeklärt.

Aljona
Die russische Form der Namen „Helene" und „Alexandra". Daher ergibt sich die Bedeutung „die strahlende Beschützerin der Männer". Der Namenstag für Aljona ist am 21. März, 21. April, 26. April, 18. Mai, 21. Mai, 18. August und am 15. November.

Alma
Das hebräische Wort „almah" (junge Frau) legt den Grundstein für diesen Namen und dessen Bedeutung. Die Bedeutungen sind folgende: „die junge Frau", „die Fruchtbare" und „die Nährende". Der Namenstag für Alma ist am 23. Mai.

Aluna
Dieser Name ist sowohl afrikanisch wie auch hawaiianisch. Die hawaiianische Übersetzung von Aluna lautet „die Auflockerung“. Die afrikanische Bedeutung lautet hingegen „die Annäherung“. Namenstage gibt es keine.

Amancaya
Ein Blumenname, welcher auf Quechua existiert. Dies ist eine der Amtssprachen in Bolivien und Peru. Die Blumen sind besonders farbintensiv und in allen Gelb- und Orangetönen zu finden. Namenstage gibt es nicht.

Amaranta
Die Pflanzengattung „Amarant“ beziehungsweise „Amaranth“ ist eine Blume mit Getreideanteil. Die Blume ist typischerweise dunkellila. Das altgriechische Wort „amarantos“ (unvergänglich) leitet sich zur Bedeutung „die Unvergängliche“ ab. Namenstage gibt es nicht.

Amaryllis
Die Herkunft ist altgriechisch, es gab sogar eine gleichnamige Nymphe. Außerdem ist die Blume „Amaryllis“ als schillernde Zierpflanze bekannt. Das leitet sich vom Wort „amaryssein“ (funkeln / glitzern) ab. Daher die Bedeutung „die Glitzernde“. Namenstage gibt es nicht.

Amber
Das englische Wort für „Bernsteinfarben“. Die Herkunft ist sowohl arabisch wie auch englisch. Das arabische Wort „anbar“ (Bernstein) und das englische „amber“ (bernsteinfarben) erschaffen die Bedeutung „die Bernsteinfarbene“.
Namenstage gibt es nicht.

Amelie
wie Amélie d´Orléans, die letzte Königin Portugals. Ursprünglich vom altnordischen Wort “aml” (Vorantreiben) abgeleitet, bedeutet Amelie “die Tüchtige”. Der Namenstag für Amelie ist am 8. Juli und am 10. Juli.

Amory
Ebenfalls von „aml“ (Vorantreiben) abgeleitet und mit „rihhi“ (die Herrschaft) kombiniert führt dies zur Bedeutung „die tüchtige Herrscherin“. Namenstage sind nicht bekannt.

Amrei
Eine Kurzform von Annemarie, welche „die Widerspenstige“ bedeutet. Der Namenstag für Amrei ist am 26. Juli.

Anabel / Anabell
Die Kurzform von Annabella. Alle drei Namen bedeuten „der begnadete Schwur Gottes“. Der Namenstag für Anabel ist am 26. Juli und am 8. Oktober.

Anastasia
Der Ursprung ist griechisch, die Verbreitung ist jedoch eher im russischen Sprachraum zu verzeichnen. Die Bedeutung lautet „Die, die Auferstehen soll“. Der Namenstag für Anastasia ist am 22. Dezember und am 25. Dezember.

Andrea
Übersetzt bedeutet dieser Vorname „die Tatkräftige“. Die Herkunft ist altgriechisch. Der Namenstag für Andrea ist am 30. November.

Annelies / Anneliese
Vermutlich eine Kurzform oder Doppelform aus den beiden Vornamen „Anna“ und „Lisa“ oder „Elisabeth“. Die Bedeutung ist ungeklärt. Der Namenstag für Annelies ist am 4. Januar, 26. Juli, 19. November und am 26. November.

Anouk
Woher dieser Vorname stammt ist unklar. Im Französischen wird er mit „die Begnadete“ übersetzt, die Inuit hingegen übersetzen Anouk zu „die Bärin“.

Ariela
Dieser Name besteht aus den hebräischen Wörtern „arij“ (Löwe) und „el“ (der Mächtige). Daraus ergibt sich dann die Bedeutung „die Mächtige Löwin“. Der Namenstag für Ariela ist am 18. Mai und am 14. November.

Aris
Ähnlich dem griechischen Ares, Gott des schrecklichen Krieges. Durch diese Ableitung bedeutet Aris vermutlich „die Rächerin“. Namenstage gibt es nicht.

Aruna
Der indische Gott der Morgendämmerung. Nicht nur aufgrund der Verwandtschaft zu einem indischen Gott, sondern auch durch die exakte Wortbedeutung entsteht die Interpretation „die Morgendämmerung“. Namenstage sind unbekannt.

Asgard
Asgard ist, innerhalb der nordischen Mythologie, die Heimat der Götter. „Ans“ (die Gottheit) und „gard“ (Zaun / Garten) ergeben die Bedeutung „der Götter Garten“. Namenstage gibt es nicht.

Audrey
Die englische Version von Adeltrud. Die Bedeutung lautet „die Edle“. Der Namenstag für Audrey ist am 23. Juni.

Aurelia
Vermutlich besteht eine Verbindung zum sabinischen Sonnengott „Ausel“. Aurelia bedeutet „die Goldene“. Der Namenstag für Aurelia ist am 15. Oktober.

Aurora
Ein römischer mythologischer Name, welcher der Gottheit der Morgenröte entspringt. Übersetzt bedeutet er daher „die Morgenröte". Der Namenstag für Aurora ist am 1. April und am 4. Oktober. Aurora Sinistra ist eine Figur aus der Harry Potter Reihe. Eine mögliche, aber unbestätigte, männliche Form lautet Auron. Mit Aurora wird eine mystische Aura, eine tiefgreifende Emotionalität und häufig auch eine dunkle Haarfarbe verbunden.

Autumn
Vom englischen Wort „Autumn" übersetzt bedeutet dieser Vorname „der Herbst". Namenstage sind keine bekannt.

Avery
Ein Name mit magischer Bedeutung: „die ratgebende Elfe". Namenstage gibt es nicht.

Bailey
„baili" (Amtsmann) ist die Grundform des Namens. Daher lautet die Bedeutung „die Amtsträgerin". Namenstage gibt es nicht.

Barbie
Eine englische Form von Barbara mit der Bedeutung: „die Barbarin". Der Namenstag für Barbie ist am 1. Februar und am 4. Dezember.

Becky
Eine Koseform des Namens „Rebecca". Beide Namen bedeuten also „die Fesselnde". Der Namenstag für Becky ist am 23. März, 30. August und am 12. September.

Belle
Wie Belle aus „Die Schöne und das Biest“. Vom französischen Wort „belle“ abgeleitet bedeutet der Name „die Schöne“. Namenstage sind nicht bekannt.

Beth
Die Bedeutung und die Herkunft sind ungeklärt. Vermutungen wurden angestellt und kamen zu dem Ergebnis, dass Beth vermutlich „Mein Gott hat geschworen“ bedeutet. Der Namenstag für Beth ist am 18. Juni, 5. November und am 19. November.

Beverley
Dieser Name geht auf den Ort Beverly in Yorkshire; England zurück. Namenstage sind keine bekannt.

Billie
Wie Billie Eilish und zudem eine Kurzform von Wilhelmine. Die Bedeutung lautet „die Willensstarke“. Namenstage gibt es nicht.

Bonita
„Bonita“ ist das spanische Wort für „schön“. Daher lautet die Übersetzung „die Schöne“. Namenstage gibt es nicht.

Brooke
Aus dem Englischen übersetzt bedeutet dieser Name „die vom Bach“. Namenstage sind nicht bekannt.

Cameron
Aus dem Altirischen übersetzt bedeutet Cameron „die krumme Nase“. Namenstage gibt es nicht.

Camila / Camilla
Vom Wort „camillus“ abgeleitet bedeutet dieser Name „die Messdienerin“. Der Namenstag für Camila ist am 3. März.

Candice / Candace
wie Candace aus der Kinderserie „Phineas and Ferb". Wie der Name bereits andeutet, ist die Bedeutung mit Zucker verbunden: „die Zuckersüße". Der Namenstag für Candice ist am 10. März.

Carina
Die Herkunft ist lateinisch und leitet sich von „carus" (lieb) ab. Daher bedeutet Carina „die Freundliche". Der Namenstag für Carina ist am 24. März und am 7. November.

Caro
Die Kurzform von Caroline, daher die Bedeutung „die Geliebte und Freie". Namenstage gibt es nicht.

Cassandra
Aus dem Altgriechischen übersetzt bedeutet dieser Name „die Männrfangende". Der Namenstag für Cassandra ist am 2. April.

Cassidy
Aus zwei altirischen Wörtern zusammengesetzter Name, welcher „die mit gelocktem Haar" bedeutet. Namenstage sind nicht bekannt.

Cassiopeia
Sie war die Mutter der Andromeda, nach Kassiopeia wurde zudem ein Sternenbild benannt. Die Bedeutung lautet „die Feenkönigin". Namenstage gibt es nicht.

Cecilia
Zwei Übersetzungen und Ableitungen aus dem Lateinischen sind möglich: „die Blinde" und „die Himmlische". Der Namenstag für Cecilia ist am 22. November.

Charmaine
Dieser Name taucht erst seit wenigen Jahrzehnten auf, die Herkunft ist unklar. Da die Ähnlichkeit zum Wort „Charme“ besteht, lautet die häufigste Interpretation: „die Charmante“. Einen Namenstag gibt es noch nicht.

Chelsea
wie der Londoner Stadtteil Chelsea. Vermutlich bedeutet dieser Name „Landeplatz für Kalk“, was sich auf den Stadtteil bezieht. Namenstage wurden nicht hinterlegt.

Cinderella
wie Cinderella aus dem gleichnamigen Märchen. Cinderella bedeutet wörtlich übersetzt „Aschenputtel“. Namenstage gibt es nicht.

Claire
Ein lateinischer Name mit der Bedeutung „die Klare“. Der Namenstag für Claire ist am 15. Juni, 11. August und am 17. August.

Cleo
Kurzform von Kleopatra, was übersetzt „der Sonnenschein“ bedeutet. Namenstage gibt es nicht.

Connie / Conny
Dieser Kosename geht auf Konrad oder Konrada zurück. Auch Cornelius und Cornelia sind Namensverwandte. Je nach gewünschter Form bedeutet Conny also „die / der kühne Ratgeber/in“ oder auch „die / der Gehörnte“.

Concorde / Concordia
Die römische Göttin der Eintracht. „concordia“ selbst bedeutet wörtlich übersetzt „Eintracht“. Concorde war außerdem der Name des ersten und bisher einzigen Überschall-Passagierflugzeuges, welches zwischen 1976 und 2003 beflogen wurde. Der Namenstag für Concordia ist am 13. August.

Cora
„Kore“ ist die altgriechische Grundform des Namen. Daher die Bedeutung „die Jungfrau“. Der Namenstag für Cora ist am 31. März, 16. September und am 22. Oktober.

Cosma
Vom Wort „kosmos“ abgeleitet bedeutet dieser Name „die Ordnung“. Der Namenstag für Cosma ist am 26. September.

Cyrilla / Cirilla
Dieser Name wird selten genutzt und ist vom Wort „kyrios“ abgeleitet. Die Übersetzung lautet daher „die geliebte Herrscherin“. Einen Namenstag besitzt der Name nicht.

Daenerys
Name einer Hauptfigur der Serie „Game of Thrones“. Die Bedeutung lautet „die Sturmgeborene“. Namenstage sind unbekannt.

Dagmar
Dieser germanisch / keltische Name bedeutet „die Wertvolle“. Der Namenstag für Dagmar ist am 24. Mai und am 28. September.

Dakota
Dakota steht für „der Freund“. Namenstage sind nicht bekannt.

Danny
Eine Kurzform von Daniel oder Daniela. Die Bedeutung bleibt jedoch dieselbe: „Gott sei mein Richter“. Der Namenstag für Danny ist am 31. März, 27. Juni, 21. Juli und am 11. Dezember. Danuta Aus dem Polnischen übersetzt bedeutet dieser Vorname „kleines Reh“. Der Namenstag für Danuta ist am 3. Januar, 21. Juli und am 10. Oktober.

Daphne
Wörtlich aus dem Altgriechischen übersetzt bedeutet der Name „der Lorbeerbaum". Der Namenstag für Daphne ist am 15. August.

Desdemona
Ein Name mit negativer Bedeutung. Das Wort „disdaymon" (das Unheil) ist der Ursprung. „Daimon" (das Schicksal / der Dämon) ist ebenfalls im Namen vertreten. Daher rühren die Bedeutungen: „das Unheil" und „die Unglückliche". Erfunden wurde der Name von Shakespeare in seinem Werk „Othello". Namenstage gibt es nicht.

Désirée
„Desiderium" (die Erwünschte) stammt aus dem Lateinischen. Der Name bedeutet „die Erwünschte". Der Namenstag für Désirée ist am 8. Mai, 23. Mai und am 13. September.

Diana
Wie die römische Göttin der Jagd und des Mondes. Daher die Bedeutung „die wie das Licht Glänzende". Der Namenstag für Diana ist am 10. Juni.

Dolores
„Dolor" steht in den meisten Sprachen für „der Schmerz". Daher bedeutet Dolores „die Schmerzerfüllte". Der Namenstag für Dolores ist am 2. April und am 15. September.

Dominique
Dieser Name ist bereits an und für sich Unisex. Die Bedeutung lautet „dem Herrn zugehörig". Der Namenstag für Dominique ist am 9. März, 5. August, 8. August, 21. Dezember und am 8. August.

Donatella
„Donare“ (geschenkt) ist die Grundform des Namens. Die Interpretation lautet „die von Gott Geschenkte“. Der Namenstag für Donatella ist am 30. Juli und am 7. August.

Eda / Edda
Kurzformen von Edith, welche „die mit edlem Besitz“ bedeuten. Der Namenstag für Edda ist am 24. Februar und am 8. Juli.

Eleonora
Ein Name aus dem Germanischen und der Bedeutung „die Fremde“. Der Name wird selten vergeben. Namenstage gibt es nicht.

Elli / Elly
Bedeutet „die Fremde“. Vermutlich eine Kurz- oder Koseform, jedoch ist bisher nicht ersichtlich von welchem Namen. Namenstage gibt es nicht.

Emmylou
Die Doppelform von Emmy und Lou. Sie bedeutet „die große und berühmte Kämpferin“. Namenstage gibt es nicht.

Énora
„Honor“ (Ehre) ist das ursprüngliche Wort. Die Interpretation lautet deshalb „die Ehrenhafte“. Namenstage gibt es nicht.

Epona
Wie die keltische Pferde- und Fruchtbarkeitsgöttin Rigani Epona. Epona ist vermutlich auf das Wort „epos“ (Pferd) bezogen. Daher könnte die Bedeutung „die Pferdefreundin“ sein. Namenstage gibt es nicht.

Feng
Dieser Name ist genau genommen Unisex, wird aber vor al-

lem in weiblicher Form genutzt. Er bedeutet so viel wie „der Phönix“. Einen Namenstag besitzt dieser Name nicht.

Flor
Vom spanischen Begriff „flor“ übernommen. Beide bedeuten wörtlich „die Blume“. Namenstage sind nicht bekannt.

Freja / Freyja
„Freyja“ (die Frau) ist ein altnordisches Wort, von welchem sich der Name ableitet. Die Mythologie verbindet den Namen mit der Göttin Freyja. Diese steht für die Liebe und Ehe. Daher bedeutet der Name „die Herrscherin“. Namenstage besitzt dieser Name jedoch nicht.

Gabriele
„Mann / Frau Gottes“. Der Namenstag für Gabriele ist am 24. März und am 29. September.

Geneviève
Im Barbiefilm „Die 12 tanzenden Prinzessinnen“ heißt die Hauptfigur Geneviève. Dieser Name bedeutet „die Frau des Adels“. Der Namenstag für Genevieve ist am 3. Januar und am 26. November.

Georgia
Die weibliche Form von Georg. Die Bedeutung lautet „die Landarbeiterin“. Der Namenstag für Georgia ist am 15. Februar und am 23. April.

Gioia
Ein ursprünglich lateinischer Name mit der Bedeutung „die Freude“. Der Namenstag für Gioia ist am 1. November, 14. Dezember und am 15. Dezember.

Gloria
Durch die römische Mythologie bekannter Name mit der

Übersetzung „die Ehre“. Verbreitet ist der Name vor allem in Spanien, Namenstage besitzt er nicht.

Gwen
„Gwen“ ist das keltische Wort für „die Helle“. Der Namenstag für Gwen ist am 18. Oktober.

Haley
Da die Aussprache dem englischen Wort „hay“ (Heu) ähnelt, wird vermutet, dass es sich bei der Übersetzung um „die Heuwiese“ handeln könnte. Altnordische Übersetzungen hingegen ergeben die Bedeutung „die Heldin“. Namenstage gibt es nicht.

Hazel
Ein englischer Vorname, welcher auf den Begriff „hazel“ (die Haselnuss“ hindeutet. Namenstage besitzt der Vorname nicht.

Hedvig
Ein althochdeutscher Name mit der Bedeutung „die Kämpferin“. Der Namenstag für Hedvig ist am 19. Februar und am 16. Oktober.

Hjördis
„Hjorr“ (das Schwert) und „dis“ (die Göttin) bilden diesen altnordischen Namen. Die Übersetzung lautet „die Göttin mit dem Schwert“. Einen Namenstag gibt es nicht.

Hortensia
Eine Abwandlung der Bezeichnung „Hortensie“. Die Hortensie ist eine Blumenart, welche in allerlei Farbtönen in Erscheinung tritt. Namenstage gibt es nicht.

Hyazintha
Eine Abwandlung des Wortes „hyakinthos“ (Hyazinthe). Die Hyazinthe ist eine besonders schöne Blume, welche vor allem

in rosa und lila Farbtönen in Erscheinung tritt. Namenstage gibt es nicht.

Igni
Ein extrem selten genutzter Name, welcher auf das Wort „ignis“ zurückzuführen ist. Der Vorname bedeutet also „die / der Feurige“. Einen Namenstag gibt es aufgrund der Seltenheit nicht.

Ilona
Eine ungarische Form von „Helene“, deshalb lautet die Übersetzung auch „die Strahlende“. Der Namenstag für Ilona ist am 21. Mai, 18. August und am 15. November.

Ilvy
Abgeleitet von „ulv“ bedeutet dieser altnordische Name „die kleine Wölfin“. Einen Namenstag gibt es nicht.

Ines
Steht im Altgriechischen für „die Reine“. Der Namenstag für Ines ist am 21. Januar.

Isa
Spanische Abwandlung von Isabel, was „mein Gott ist Vollkommenheit“ bedeutet. Der Namenstag für Isa ist am 22. Februar, 29. März, 4. Juni, 12. Juni, 16. September und am 19. November.

Jackie
Eine Kurzform von Jacqueline, vermutlich bedeutet diese also „die von Gott Geschützte“. Der Namenstag für Jackie ist am 20. Januar, 5. Februar, 3. Mai, 3. Mai, 14. Juli, 25. Juli, 25. Juli, 6. August, 2. Oktober, 10. Oktober, 11. Oktober, 23. Oktober und am 23. Oktober.

Jana
Die slawische Form von Johanna, beide bedeuten „Gott ist gnädig“. Der Namenstag für Jana ist am 24. Juni.

Jolene
wie das Lied „Jolene“ von der Gruppe The BossHoss. Vermutet wird, dass dieser Name vom französischen „Le Jolie“ abgeleitet wurde. Dann würde die Übersetzung „die Hübsche“ lauten. Der Namenstag für Jolene ist am 19. März.

Jordana
Ein hebräischer Name mit der Bedeutung „die Herabsteigende“. Der Namenstag für Jordana ist am 6. Januar.

Josie / Josy
Vermutet wird, dass dieser Name „Er fügte hinzu“ bedeutet. Mit „Er“ könnte in diesem Falle Gott gemeint sein. Der Namenstag für Josepha ist am 19. März.

Joyce
Aus dem keltischen übersetzt bedeutet dieser Name „Kriegerin“. Der Namenstag für Joyce ist am 13. Dezember.

Jutta
Vermutet wird, dass Jutta sich zu „die Jüdin“ übersetzen lässt. Der Namenstag für Jutta ist am 25. März, 5. Mai, 29. November und am 22. Dezember.

Kaia / Kaja
Die Kurzform von Katharina, welcher die Bedeutung „die Reine“ trägt. Namenstage gibt es nicht.

Kaitlyn
Die irische Variante von Katharina, die Bedeutung bleibt weiterhin „die Reine“. Namenstage gibt es nicht.

Kali
Aus Sanskrit übersetzt bedeutet Kali so viel wie „die Schwarze“. Namenstage sind nicht bekannt.

Kamilla
Vom Wort „camillus“ abgeleitet bedeutet dieser Name „die Messdienerin“. Der Namenstag für Kamila ist am 3. März.

Kayleigh
„caol“ (schlank) ist ein altirisches Wort. Kayleigh bedeutet also „die Schlanke“. Der Namenstag für Kayleigh ist am 3. September.

Kazuko
Ein japanischer Vorname. Die beiden Kanji-Zeichen die den Namen formen bedeuten zusammengesetzt „Das Friedenskind“. Namenstage gibt es nicht.

Kelly
„ceallach“ ist die Grundform des Namens. Daher die Bedeutung „die / der Nachkomme/rin des Ceallach“. Einen Namenstag gibt es nicht.

Kimberley
Eine südafrikanische Stadt heißt Kimberley. Eine Vermutung zur Übersetzung lautet „die schöne Vertraute“. Der Name besitzt keinen Namenstag.

Kimiko
Dieser japanische Vorname bedeutet so viel wie: „das einzigartige Kind“. „kimi“ steht für einzigartig. „ko“ für das Kind. Namenstage sind nicht bekannt.

Ksenia
Eine mögliche Verbindung zum altgriechischen Wort „xenios“ besteht. Dann würde die Übersetzung „die Gastfreundliche“

bedeuten. Der Namenstag für Ksenia ist am 24. Januar, 6. Februar, 11. September, 27. Dezember und am 30. Dezember.

Kyra
Dieser Name steht für „die Herrscherin", „die Sonne" und „die Göttliche". Der Namenstag für Kyra ist am 5. Juli und am 8. November.

Laetitia
Wörtlich übersetzt, aus dem Lateinischen, bedeutet dieser Name „die Fröhlichkeit". Der Namenstag für Laetitia ist am 5. Juli.

Laila
Eine Form von Lilith, daher die Bedeutung „die Nacht". Der Namenstag für Laila ist am 21. Mai, 18. August, 11. September, 15. November und am 16. Dezember.

Lilith
Lilith ist sowohl Adams erste Frau gewesen, wie auch eine sumerische Windgöttin. Lilith weigerte sich die Missionarsstellung mit Adam zu vollführen, weil sie das weibliche Geschlecht unterdrückt sah. Daher wurde sie verbannt. Lilith bedeutet „der Nachtwind" sowie „die Nachtdämonin".
Der Namenstag für Lilith ist am 5. Februar.

Ling
Ein chinesischer Vorname, welcher sowohl für „der Geist" wie auch „die Seele" stehen kann. Einen Namenstag gibt es nicht.

Livia
Dieser Vorname könnte sowohl für „das Leben" wie auch für „die Blaue" stehen. Der Namenstag für Livia ist am 5. März und am 13. November.

Loredana
Mögliche Übersetzungen lauten „die aus Loreo Stammende“ und „die Lorbeergekränzte“. Namenstage gibt es nicht.

Loreley
wie die Loreley, eine Nymphe, vom Loreleyfelsen. „Lure“ (Hinterhalt) und „lei“ (der Felsen) sind althochdeutsche Begriffe. Diese bedeuten zusammengesetzt „der hinterhältige Felsen“. Einen Namenstag gibt es nicht.

Lou
Althochdeutscher Name mit der Bedeutung „die / der berühmte Kämpfer/in“. Der Namenstag für Lou ist am 15. März und am 25. August.

Lysann
Abgeleitet vom altgriechischen Wort „lyo“ (lösen). Vermutlich bedeutet Lysann also „die Freigelassene“. Der Namenstag für Lysann ist am 8. Februar, 7. Juni, 18. Juni, 26. Juli, 5. Oktober, 8. Oktober und am 19. November.

Mallory
Ein Name mit negativer Bedeutung. „malort“ (das Unglück) ist die Grundform des Namens. Aus dieser entsteht die Ableitung „das Unglück“.

Marilyn
Eine Ableitung des Namen Mirijam. Daher die identischen Bedeutungen: „die Liebenswerte“. Der Namenstag für Marilyn ist am 15. August, 12. September und am 8. Dezember.

Mariola
Die italienische Koseform von Maria. Sie bedeutet „die Geliebte“. Der Namenstag für Mariola ist am 1. Januar und am 24. Mai.

Mei
Ein japanischer Vorname mit der Interpretation „der Spross“. Namenstage sind unbekannt.

Mohana
Bekannt aus dem Disneyfilm „Mohana“ (im Originial „Vaiana“). Eine sicher festgelegte Bedeutung gibt es nicht, vermutet wird jedoch die Übersetzung „das Meer“. Einen Namenstag gibt es nicht.

Muriel
Ein keltischer Name mit der Bedeutung „das glänzende Meer“. Der Namenstag für Muriel ist am 31. Juli und am 12. September.

Nicole
„Die Siegerin des Volkes“. Ein hauptsächlich italienischer Vorname mit altgriechischer Herkunft. Der Namenstag für Nicole ist am 6. Dezember.

Nira
Woher dieser Name stammt ist unbekannt. Häufig wird er als „die Flamme“ oder „der Lichtschimmer“ übersetzt. Namenstage sind nicht hinterlegt.

Noriko
Je nachdem welches Kanji-Zeichen verwendet wird, ändert sich die Bedeutung des Namens ein wenig. Meistens wird dieser jedoch mit „das Kind des Gesetzes“ übersetzt. Einen Namenstag gibt es nicht.

Oceana
Wie der Name bereits vermuten lässt, lautet die Bedeutung „der Ozean“. Einen Namenstag gibt es nicht.

Olympia
Abgeleitet vom Berg „Olympos", welcher den Heimatort der griechischen Götter darstellt, bedeutet dieser Vorname „die vom Berg Olymp Stammende" und kann heutzutage auch als „Göttin des Sports" interpretiert werden. Der Namenstag für Olympia ist am 17. Dezember.

Ophelia
„Ophelos" steht für „die Hilfe" und begründet die Interpretation „die Helfende". Auch „die Vorteilhafte" wird gerne als Interpretation genannt. Einen Namenstag gibt es nicht.

Patricia
Ein lateinischer Name mit der Bedeutung „die Vornehme". Verbreitet ist der Name vor allem in Spanien und Frankreich. Der Namenstag für Patricia ist am 17. März und am 25. August.

Penelope
Ein altgriechischer Vorname, welcher „die Treue" bedeutet. Einen Namenstag gibt es nicht.

Perla
Altfranzösischer Name der, wie bereits angedeutet, „die Perle" bedeutet. Der Namenstag für Perla ist am 14. September. Pia „Die Gottesfürchtige". Ein weiterer lateinischer Vorname, welcher zunächst nur als „Pius" vertreten war. Der Namenstag für Pia ist am 28. Februar, 6. Januar und am 19. Januar.

Pippa
„Die Pferdefreundin" Eine Kurzform des Namen Philippa. Der Namenstag für Pippa ist am 19. März, 3. Mai, 26. Mai, 16. Oktober, 26. Oktober und am 18. Dezember.

Pocahonatas
Ein indianischer Name mit der Bedeutung „die Verspielte". Er besitzt keinen Namenstag.

Queenie
Die Verniedlichung des Wortes „Queen“ (Königin) Kein Namenstag vermerkt.

Quirina
Vermtut wird ein Zusammenhang mit dem Wort „curis“ (der Speer). Sollte dieser Zusammenhang der Wahrheit entsprechen würde die Bedeutung „die mit dem Speer Kämpfende“ lauten.

Raania
Die Bedeutung lautet „die Prinzessin“ beziehungsweise „die Königin“. Einen Namenstag gibt es nicht.

Ragna
Ein althochdeutscher und skandinavischer Name mit der Bedeutung „die Königin“. Namenstage gibt es nicht.

Rebecca
„Die Fesselnde“ Für diesen Namen gibt es viele verschiedene Abkürzungen und Koseformen. Der Namenstag für Rebecca ist am 30. August, 12. September und am 23. März.

Regina
Ein altnordischer, keltischer sowie auch lateinischer Name. Vom Lateinischen übersetzt bedeutet er „die Königin“ oder „die Herrscherin“. Die keltische Form „rigani“ wird übersetzt zu „königlich“. Im altnordischen bedeutet der Vorname „die Ratgeberin“. Der Namenstag für Regina ist am 1. Juni, 7. September, 18. Januar, 20. Dezember und am 22. August.

Romina
Eine Verniedlichung, daher bedeutet dieser Name „die kleine Römerin“. Der Namenstag für Romina ist am 23. Februar und am 9. August.

Rose
Rose steht klassisch für „die Rose“. Der Namenstag für Rose ist am 6. März, 15. Juli, 23. August und am 4. September.

Rowena
möglicherweise ein altenglischer Name, die Bedeutung würde „die ruhmreiche Verbündete“ lauten. Es gibt keinen Namenstag.

Sakura
Der Vorname ist in Deutschland vor allem aufgrund des Animes „Naruto“ bekannt. Eine der Figuren heißt Sakura. Wörtlich übersetzt bedeutet „sakura“ sowohl „die Kirschblüte“ wie auch „der Kirschbaum“. Einen Namenstag gibt es nicht.

Sally
Eine Abwandlung von Sarah, daher die Bedeutung „die Fürstin“. Der Namenstag für Sally ist am 5. März, 13. Juli und am 9. Oktober.

Senta
Kurzform von Vincenta. Daher „die Siegerin“. Der Namenstag für Senta ist am 26. Dezember und am 28. Juni.

Sieglinde
„Der lindernde Sieg“ Ein altdeutscher Name, welcher mittlerweile nur noch selten vergeben wird. Der Namenstag für Sieglinde ist am 30. Mai, 24. Juli und am 31. Juli.

Skadi
Die nordische Göttin der Jagd und des Winters. Es gibt keine Namenstage.

Svenja
„Der Schwan“ oder auch „die junge Frau“. Der Namenstag für Svenja ist am 2. Juli und am 4. September.

Taina
Bedeutet „das Schicksal". Der Namenstag für Taina ist am 12. Januar und am 10. Mai.

Tami
Kurzform von Tamara. Beide Namen bedeuten „die Dattelpalme". Der Namenstag für Tami ist am 29. Dezember und am 29. Dezember.

Toni / Tony
Vermutungen zufolge könnte Tony für „die / der Wertvolle" stehen. Namenstage gibt es nicht.

Trinidad
Ein spanischer Vorname, welcher „die Dreieinigkeit" bedeutet. Einen Namenstag gibt es nicht.

Triss
Eine Kurzform von Beatrice. Der Name bedeutet „die Glücksbringerin". Es gibt keinen Namenstag.

Uma
Ein Beiname einer Göttin der Hindus. Es gibt keine Namenstage und bislang noch keine klare Bedeutung.

Valérie
Ein lateinischer Vorname mit der Bedeutung „die Gesunde". Der Namenstag für Valerie ist am 4. Mai, 20. Mai und am 9. Dezember.

Vanessa
Möglicherweise steht dieser Name in Verbindung mit der griechischen Göttin Phanessa. Eine mögliche Bedeutung lautet „Königin der Schmetterlinge". Der Namenstag für Vanessa ist am 25. Februar.

Vlasta
Ein vornehmlich tschechischer Name mit der Bedeutung „die Herrscherin der Heimat“. Der Namenstag für Vlasta ist am 2. April, 27. Juni, 25. September, 25. November und am 13. Dezember.

Walpurga
Ein althochdeutscher Name, der mit der heiligen Walpurga verknüpft ist. Er bedeutet so viel wie „die Herrscherin der Burg“. Der Namenstag für Walpurga ist am 25. Februar.

Wiebke
Eine genaue Bedeutung ist nicht bekannt. Der Namenstag für Wiebke ist am 2. Mai und am 13. August.

Willow
Ein englischer Name und Begriff der für „die Weide“ (Baumart) steht. Es gibt keinen Namenstag.

Yagmur
Ein türkischer Name und Begriff, welcher für „der Regen“ steht. Namenstage sind nicht bekannt.

Yara
Ein persischer Vorname welcher zu „die Mutige“ übersetzt wird. Der Namenstag für Yara ist am 22. Januar, 1. April, 5. Mai, 9. August und am 20. Oktober.

Yasuko
Ein japanischer Name aus zwei Kanji-Zeichen, welche zusammengesetzt „das ruhige Kind“ ergeben.

Yennefer
„Die mit dem schönen Gesicht“ oder auch „die mit der weißen Wange“. Vermutlich liegt der Ursprung im keltischen. Der Namenstag für Yennefer ist am 31. Januar und am 30. Mai.

Zilla
Die Bedeutung ist unbekannt, allerdings ist der Name in Teilen der Bibel auffindbar. Es gibt keine Namenstage.

Zoé
Die direkte Übersetzung des Wortes „zoe“ ist „das Leben“. Der Namenstag für Zoe ist am 2. Mai.

8. Jungennamen in alphabetischer Reihenfolge

Aaron
Die genaue Herkunft ist nicht bekannt, vermutet wird jedoch eine ägyptische oder hebräische Richtung. Dieser Name bedeutet „der große Kämpfer". Der Namenstag für Aaron ist am 1. Juli.

Akim
Die russische Variante von Joachim. Er bedeutet „Jahwe richtet auf". Der Namenstag für Akim ist am 20. März, 26. Juli und am 16. August.

Alejandro
Spanische Form von Alexander, daher die identische Bedeutung: „der fremde Männer Abwehrende". Der Namenstag für Alejandro ist am 3. Mai und am 10. Juli.

Ambros
Ein altgriechischer Name der sich vom Begriff „ambrosious" (unsterblich) ableitet. Daher „der Unsterbliche". Der Namenstag für Ambros ist am 7. Dezember.

Amos
„Der von Gott Getragene". Der Namenstag für Amos ist am 15. Juni.

Andrej
Die russische Form von Andreas. Andrej bedeutet daher ebenfalls „der Tapfere und Mannhafte". Der Namenstag für Andrej ist am 6. Januar, 4. Februar, 10. November und am 30. November.

Aram
Ein hebräischer Vorname, welcher in Deutschland kaum vergeben wird. Die Bedeutung lässt sich wörtlich vom Begriff „aram" entnehmen: „das Land". Der Namenstag für Aram ist am 12. Juli.

Ares
Ein Kind des Gottes Zeus trug den Namen Ares. Dieser wurde in der griechischen Mythologie als Gott des Krieges verehrt, was dem Vornamen die Bedeutungen: „der Verfluchende", „der Verderbende" und „der Rächer". Der Namenstag für Ares ist am 19. Dezember.

Aurelio
„Der aus Gold Gemachte". Der Namenstag für Aurelio ist am 16. Juni und am 9. November.

Balu
Vermutlich wird dieser Name zu „der Junge" übersetzt. Es gibt keine Namenstage.

Barne
Ein althochdeutscher Name, welcher zu „der Bann" übersetzt wird. Es gibt keinen Namenstag.

Barney
Eine Kurzform von Bernhard. Beide Namen bedeuten „der Bärenstarke". Der Namenstag für Barney ist am 20. Mai, 15. Juni, 15. Juli, 20. August und am 12. Oktober.

Bennet
Dieser Name bedeutet „der Gesegnete". Der Namenstag für Bennet ist am 11. Februar, 12. Februar, 21. März, 4. April, 16. April und am 11. Juli.

Bjarne
Die dänische Form von Björne. Die Namen bedeuten „der kleine Bär". Der Namenstag für Bjarne ist am 13. Januar, 15. Juni und am 18. Juni.

Björn
„Der kleine Bär". Der Namenstag für Björn ist am 13. Januar,

15. Juni, 15. Juli und am 20. August.

Bobby
Ein Unisexname, welcher jedoch nur noch für Männer genutzt wird. Die Interpretation lautet „Ruhmreich und strahlend“. Der Namenstag für Bobby ist am 26. Januar, 17. April, 7. Juni und am 17. September.

Caleb
Die Übersetzung lautet „der mit dem vollen Herzen“. Dieser Name besitzt keine Namenstage.

Callum
Ein lateinischer Name der sich von „columba“ (die Taube) ableitet. Es gibt keinen Namenstag.

Chester
Ein altenglischer Vorname der so viel wie „das Fort“ bedeutet. Einen Namenstag gibt es nicht.

Connor
Vermutungen zufolge bedeutet Connor „der Hundefreund“. Auf Keltisch könnte er auch „der starke Wille“ bedeuten. Der Namenstag für Connor ist am 29. September.

Conny
Dieser Kosename geht auf Konrad oder Konrada zurück. Auch Cornelius und Cornelia sind Namensverwandte. Je nach gewünschter Form bedeutet also „die / der kühne Ratgeber/in“ oder auch „die / der Gehörnte“. Es gibt keinen Namenstag.

Conrad
Dieser althochdeutsche Vorname bedeutet „der kühne Ratgeber“. Der Namenstag für Conrad ist am 4. April, 11. April und am 26. November.

Cooper
Ein lateinischer Name, welcher auf den Beruf des Böttchers zurückzuführen ist. Es gibt keinen Namenstag.

Damian
Ein altgriechischer Name mit der Bedeutung „der mächtige Bezwinger". Der Namenstag für Damian ist am 23. Februar, 10. Mai und am 26. September.

Danny
Eine Kurzform von Daniel oder Daniela. Die Bedeutung bleibt jedoch dieselbe: „Gott sei mein Richter". Der Namenstag für Danny ist am 31. März, 27. Juni, 21. Juli und am 11. Dezember.

Davy
Wie Davy Jones, einem Charakter aus der Filmreihe „Fluch der Karibik". Der Namenstag für Davy ist am 1. März, 26. Juni, 19. November und am 11. Dezember.

Don
Die Wurzeln liegen im keltischen. Der Name bedeutet „der Weltenherrscher". Es gibt keinen Namenstag.

Dylan
Ein walisischer Meeresgott. Er besitzt keinen Namenstag.

Ed
wie der Künstler „Ed Sheeran". Der Name besitzt die Bedeutung „der Beschützer". Es gibt keinen Namenstag.

Elvis
wie der Künstler „Elvis Presley". Ein skandinavischer Vorname mit der Übersetzung „der Allwissende". Der Namenstag für Elvis ist am 26. Mai.

Erik
wie der bürgerliche Name „Erik Range“ des YouTubers „Gronkh“. Es ist ein altnordischer Name mit der Bedeutung „der Alleinherrschende“. Der Namenstag für Erik ist am 18. Mai und am 10. Juli.

Ethan
„Der Beständige“. Dieser hebräische Name wird vor allem in den USA genutzt. Es gibt keinen Namenstag.

Eugenio
Dieser Name bedeutet „der Wohlgeborene“. Der Namenstag für Eugenio ist am 30. Dezember.

Faisal
Wie der Comedian „Faisal Kawusi“. Ein arabischer Vorname mit der Bedeutung „der Richter“. Es gibt keinen Namenstag.

Falco
„Falco“ bedeutet nichts anderes als „Falke“. Da dieser Name entstand, als Vornamen noch zum Charakter geordnet wurden, ist es wahrscheinlich, dass „der wunderbare Falke“ die Bedeutung ist. Der Namenstag für Falco ist am 20. Februar und am 6. Juni.

Faust
Wie der Charakter „Faust“ aus Goethes Werk, erster und zweiter Teil. Es gibt keinen Namenstag.

Finn / Fynn
Finn / Fynnwie Fynn Kliemann, ein bekannter deutscher YouTuber der Handwerkskunst. Ein Unisexname, welcher eher für Jungen genutzt wird. Die Herkunft ist Irisch sowie Nordisch. Die Übersetzungen lauten „die/der Finne/in“ sowie „die/der Blonde“. Der Namenstag für Finn ist am 26. September.

Floyd
Ein keltischer Vorname mit der Bedeutung „der Graue“. Es gibt keinen Namenstag.

Fulk
Die Bedeutung lautet „der aus dem Volk“. Namenstage gibt es nicht.

Gábor
Die ungarische Variante von Gabriel. Der Name bedeutet „Mann Gottes“. Der Namenstag für Gábor ist am 24. März.

Gerald
Ein althochdeutscher Name mit der Bedeutung „der Herrscher mit dem Speer“. Der Namenstag für Gerald ist am 5. Dezember und am 7. Dezember.

Germar
Der Vorname bedeutete „der berühmte Speerkämpfer“. Der Namenstag für Germar ist am 30. Dezember.

Gerry
Der althochdeutsche Name bedeutet „der Speerstarke“. Der Namenstag für Gerry ist am 13. Oktober, 5. Dezember und am 7. Dezember.

Gus
wie eine der Figuren aus der Serie „The Blacklist“. Gus bedeutet „der Erhabene“. Es gibt keinen Namenstag.

Hannes
Der Name bedeutet „Gott ist gnädig“. Der Namenstag für Hannes ist am 24. Juni und am 9. Juli.

Harun
Dieser Vorname bedeutete „der Erleuchtende“. Der Namenstag für Harun ist am 1. Juli.

Harvey
Ein keltischer Vorname mit der Bedeutung „der, der des Kampfes würdig“. Es gibt keinen Namenstag.

Hjalmar
Ein skandinavischer Vorname, welcher „der behelmte Krieger“ bedeutet. Der Namenstag für Hjalmar ist am 16. Januar.

Howard
Ein altenglischer Name, welcher keine bestimmte Bedeutung besitzt. Auch einen Namenstag gibt es nicht.

Idris
Ein arabischer Name der so viel wie „der Gelehrte“ bedeutet. Es gibt keinen Namenstag.

Igor
Die russische Form vom nordischen Namen Ingvar. Der Name bedeutet „Freys Verteidiger“. Der Namenstag für Igor ist am 18. Juni und am 19. September.

Ilay
Der Name einer Wasserfee aus der Türkei. Es gibt keinen Namenstag.

Ingo
Ingo bedeutet „die Gottheit“. Der Namenstag für Ingo ist am 28. März, 22. Oktober und am 21. Dezember.

Jairo
Ein spanischer Vorname ohne Namenstage und mit der Bedeutung „Er erleuchtet“.

Jannek
Die tschechische Kurzform von „Johannes“. Er bedeutet „Gott ist gnädig“ Es gibt keinen Namenstag.

Jay
Jay wird übersetzt zu „der Sieger". Der Namenstag für Jay ist am 2. Mai, 12. Juli, 25. Juli und am 3. Dezember.

Jonny
Eine Koseform von John. Beide Namen bedeuten „Gott ist gnädig". Der Namenstag für Jonny ist am 24. Juni und am 27. Dezember.

Joscha
Eine Form von Josef. Die Namen bedeuten so viel wie „Er fügte hinzu". Der Namenstag für Joscha ist am 29. Januar, 19. März, 1. Mai, 9. Juni, 23. Juni, 25. August und am 11. September.

Kai
Ein griechischer Vorname mit der Bedeutung „der Krieger". Der Namenstag für Kai ist am 22. April, 7. August und am 22. April.

Kasimir
Ein polnischer Männername. Er bedeutet „der Friedensbringer". Der Namenstag für Kasimir ist am 4. März.

Kendall
Ein altenglischer Name, welcher auf die Stadt „Kendal" zurückgeht. Ein Namenstag ist nicht bekannt.

Kjell
Der altnordische Name bedeutet „der Kessel". Der Namenstag für Kjell ist am 27. September.

Konrad
Dieser althochdeutsche Vorname bedeutet „der kühne Ratgeber". Der Namenstag für Konrad ist am 4. April, 11. April und am 26. November.

Krystof
Die tschechische Variante von Christoph. Er bedeutet „der Christen Tragende“. Der Namenstag für Krystof ist am 5. März, 9. Mai, 24. Juli, 25. Juli und am 31. Oktober.

Lambert
Ein althochdeutscher Name. Die Übersetzung lautet „der im ganzen Land Strahlende“. Der Namenstag für Lambert ist am 9. Februar und am 17. September.

Larry
Eine Kurzform von Laurentius. Die Namen bedeuten „der Lorbeergekränzte“. Der Namenstag für Larry ist am 21. Juli und am 10. August.

Lenny
Eine Koseform von Leonhard, beide Namen bedeuten „der Löwenstarke“. Der Namenstag für Lenny ist am 6. November, 18. November und am 26. November.

Leroy
Dieser Name bedeutet „der König“. Der Namenstag für Leroy ist am 6. Januar.

Louis
Dieser Name ist eine französische Version von Ludwig. Der Vorname bedeutet „der berühmte Kämpfer“. Der Namenstag für Louis ist am 28. April, 21. Juni, 19. August und am 25. August.

Luka
Auch Luka stammt aus dem Altgriechischen und ist mittlerweile weit verbreitet. Die Bedeutung ist positiv: „der Lichtbringer“. Der Namenstag für Luka ist am und am 17. Februar und am 18. Oktober.

Malcolm
Er bedeutet „der Jüngere“. Die Herkunft ist altirisch. Es gibt keinen Namenstag.

Malik
Ein arabischer Name. Von arabisch übersetzt bedeutet dieser Name „der König“. Es gibt keine verzeichneten Namenstage.

Marley
Eigentlich ein altenglischer Unisexname. Er wird jedoch seit Jahrzehnten kaum noch für Frauen verwendet. Eine Bedeutung besitzt er nicht. Der Namenstag für Marley ist am 25. Mai und am 22. Juli.

Marlon
Wie aus der Serie „Marlon“. Übersetzt bedeutet der Vorname „der kriegerische kleine Falke“. Der Namenstag für Marlon ist am 25. April, 16. Juni und am 7. Oktober.

Michealangelo
Wie der gleichnamige italienische Künstler. Er bedeutet „der Engel Michael“. Der Namenstag für Michelangelo ist am 8. März, 6. April und am 29. September.

Milo
Ein altslawischer Name. Er wird abgeleitet von „mil“ (lieb / teuer). Daher die Interpretation „der Liebe und Teure“. Er besitzt keinen Namenstag.

Myles
Vom lateinischen Begriff „miles“ (Soldat) abgeleitet. Myles bedeutet also „der Soldat“. Er besitzt keinen Namenstag.

Nando
Vermutlich eine Kurzform eines anderen Namens. Die Bedeutung ist unbekannt. Der Namenstag für Nando ist am 30. Mai.

Nathan
Hebräischer Begriff für „geben“. Daher bedeutet der Name „der Gebende“. Der Namenstag für Nathan ist am 24. August und am 24. Oktober.

Nick
Von „nike“ (der Sieg) abgeleiteter Vorname. Die Übersetzung lautet „der Sieger“. Der Namenstag für Nick ist am 10. September und am 6. Dezember.

Noam
Ein hebräischer Vorname. Er bedeutet „die Heiterkeit“. Diesem Namen ist kein Namenstag zugeordnet.

Nuri
Vermutlich ein arabischer Name, welcher „das Licht“ bedeutet. Es gibt keine Namenstage.

Oceano
Wie der Name bereits vermuten lässt, lautet die Bedeutung „der Ozean“. Einen Namenstag gibt es nicht.

Odysseus
Odysseus war ein berühmter Reisender und Held bei den Griechen. Vermutlich geht der Name auf das Wort „odyssasthai“ (hassen) zurück. Daraus würde sich eine negative Bedeutung, nämlich „der Hassende“ oder „der Verhasste“, ergeben. Er besitzt keinen Namenstag.

Ondrej
Die tschechische Version von Andreas. Er bedeutet „der Mannhafte und Tapfere“ Der Namenstag für Ondrej ist am 30. November.

Oriol
Ein lateinischer Name. Er bedeutet „der aus Gold Gemachte“. Es gibt keinen Namenstag.

Oskar
Ein ebenfalls geläufiger Name, welcher mittlerweile jedoch kaum noch vergeben wird. Er steht für „der Gott mit dem Speer“. Der Namenstag für Oskar ist am 3. Februar.

Paavo
Finnische Variante von Paul, der Name bedeutet „der Kleinere“. Er hat keinen Namenstag.

Percy
Ein altgriechischer Name. Er bedeutet „der Zerstörer“. Er besitzt keinen Namenstag.

Philipp
„Der Pferdefreund“. Ein Name mit griechischer Herkunft. Der Namenstag für Philipp ist am 19. Oktober, 14. November, 18. Dezember, 3. Mai und am 26. Mai.

Phineas
Wie aus „Phineas and Ferb“, einer Kinderserie. Ein englischer Vorname, welcher „der Dunkle“ bedeutet. Es gibt keinen Namenstag.

Piet
Holländische Form von Peter. Er bedeutet „der Felsen“. Der Namenstag für Piet ist am 29. Juni.

Quentin
wie Quentin Tarantino, ein US-Regisseur. „Quintus“ (der Fünfte) könnte eine Anspielung auf den fünften Monat des Jahres sein. Sicher ist dies jedoch nicht. Es gibt keine Namenstage

Quincy
„Quintus“ (der Fünfte) könnte eine Anspielung auf den fünften Monat des Jahres sein. Sicher ist dies jedoch nicht.
Es gibt keine Namenstage.

Quinn
Ein irischer Unisexname, welcher vornehmlich für Männer verwendet wird. Er bedeutet „die / der Willensstarke“ Es gibt keinen Namenstag.

Quirin
Vermutlich bedeutet dieser Name „der mit dem Speer Kämpfende“. Der Namenstag für Quirin ist am 30. April, 4. Juni, 11. Oktober und am 16. Juni.

Radek
Altslawischer Name mit der Bedeutung „der Fröhliche“. Der Namenstag für Radek ist am 21. Juni.

Rafael / Raphael
Ein biblischer Name. Alle Schreibweisen bedeuten „Gott hat geheilt“.

Ragnar
Skandinavische Form von Rainer, er bedeutet „Berater des Volkes“. Der Namenstag für Ragnar ist am 29. März, 11. April, 17. Juni und am 4. August.

Rick
Ein althochdeutscher Name welcher „der Herrscher“ bedeutet. Er ist eine Kurzform von Richhard. Der Namenstag für Rick ist am 7. Februar und am 3. April.

Ronan
Ein altirischer und bretonischer Vorname, mit der Bedeutung „die kleine Robbe“. Der Namenstag für Ronan ist am 7. Februar und am 1. Juni.

Rosario
Ein lateinischer Unisexname, welcher vorzugsweise für Männer genutzt wird und „die Rosenlaube“ bedeutet. Der Namenstag für Rosario ist am 7. Oktober.

Ryan
Steht für „der König“. Es gibt keinen Namenstag.

Salvador
Wörtlich übersetzt bedeutet Salvador „der Retter“ und leitet sich vom Begriff „salvare“ (retten) ab. Es gibt keinen Namenstag.

Samuel
Dieser Name bedeutet „Gott hat erhört“. Der Namenstag für Samuel ist am 10. Oktober und am 20. August.

Sandro
Die Kurzform von Alessandro. Beide Namen bedeuten „der Beschützer“. Der Namenstag für Sandro ist am 3. Mai und am 10. Juli.

Sayid
Die Anspracheform „Herr“. Er besitzt keinen Namenstag.

Sergej
Dieser Name hat keine festgelegte Bedeutung. Der Namenstag für Sergej ist am 8. September und am 25. September.

Sören
Von „severus“ (streng) abgeleiteter lateinischer Name. „Der Strenge“ ist die Übersetzung. Der Namenstag für Sören ist am 8. Januar, 1. Februar, 7. April und am 23. Oktober.

Sven
Sven bedeutet „der Schwan“ oder „der junge Mann“. Der Namenstag für Sven ist am 4. September.

Sylvio
Er bedeutet „Mann aus dem Wald". Es gibt keine Namenstage.

Ted
Die Kurzform von Edward. Daher die Bedeutung „der Wächter". Der Namenstag für Ted ist am 5. Januar, 11. Februar, 14. März, 18. März, 16. August, 19. September, 13. Oktober und am 9. November.

Thorsten
Er bedeutet „Thors Hammer" oder auch „Thors Stein". Der Namenstag für Thorsten ist am 8. Januar, 23. Februar, 9. November, 23. Dezember und am 19. September.

Tilo
Ein altnordischer Name mit der Bedeutung „Sohn des Volkes". Der Namenstag für Tilo ist am 27. September.

Tjark
Die friesische Variante von Dietrich. Er bedeutet „der Volksherrscher". Der Namenstag für Tjark ist am 27. Januar, 29. April, 1. Juli, 9. Juli, 7. September, 27. September, 12. Dezember und am 16. Dezember.

Ugur
Ein türkischer Unisexname, welcher meistens für Männer benutzt wird. Er bedeutet „der Glücksbringer". Es gibt keinen Namenstag.

Ulf
Ein altnordischer Name, welcher „der Wolf" bedeutet.
Der Namenstag für Ulf ist am 18. Juli und am 19. August.

Ulrik
Ein Name mit langer Bedeutung: „Der Herrscher auf dem ge-

erbten Gut(hof)". Der Namenstag für Ulrik ist am 11. März und am 4. Juli.

Valdis
Ein altnordischer Name. Er steht für „der Totengott". Namenstage sind nicht bekannt.

Varun
Ein hinduistischer Wasser- und Meeresgott. Es gibt keinen Namenstag.

Velten
Vom lateinischen „valens" (gesund) abgeleitet. Daher „der Gesunde". Namenstage wurden nicht hinterlegt.

Vlado
Ein weiterer altslawischer Name, eine Kurzform von Vladimir. Dieser bedeutet „der Herrscher". Es gibt keine Namenstage.

Vuk
Ein serbischer Name und Begriff, welcher „der Wolf bedeutet". Namenstage wurden nicht festgelegt.

Wayne
Ein altenglischer Name mit der Bedeutung „der Wagner". Der Vorname ist auf den Beruf des Wagners bezogen. Der Namenstag für Wayne ist am 29. Februar.

Wenzel
Ein altslawischer Name mit der Bedeutung „der Ruhmgekrönte". Der Namenstag für Wenzel ist am 28. September.

Xander
Eine mögliche Namensverwandtschaft besteht mit Alexander. Xander bedeutet vermutlich „der fremde Männer Abwehrende". Einen Namenstag gibt es nicht.

Xaver
Möglicherweise bezieht sich dieser Name auf den Ortsnamen „Xavier“. Dann würde sich die Übersetzung „neues Haus“ ergeben. In Bayern wird dieser Vorname häufiger vergeben als an anderen Orten. Der Namenstag für Xaver ist am 3. Dezember.

Yannic
Vermutlich bedeutet dieser Name „Jahwe ist gnädig“. Der Namenstag für Yannic ist am 16. August, 14. Dezember, 23. Dezember und am 27. Dezember.

Yves
Vermutlich vom Wort „iwa“ (Bogen aus Eibe) abstammender Name. Es ergibt sich folgende Interpretation: „der Bogenschützer“. Der Namenstag für Yves ist am 19. Mai und am 31. Januar.

Zeki
Ein türkischer Vorname mit arabischen Wurzeln. Er bedeutet „der Geistreiche“. Einen Namenstag besitzt er nicht.

Zino
Möglicherweise mit dem Namen „Zeus“ verbunden. Daher kommt die Bedeutung „der von Zeus Gekommene“.
Es gibt keinen Namenstag.

Zyriak
Die Herkunft dieses Namens ist unbekannt. Vermutlich bedeutet er „der zum Herrn Gehörende“. Er besitzt keine Namenstage.

9. Seltene Vornamen in Deutschland

♀ Eleonora
Trotz der germanischen Herkunft, wird der Name mit der Bedeutung „die Fremde“ nur selten vergeben.

♂ Arthur
Auch dieser Name ist durch die Sage des König Artus mehr als bekannt. Dennoch gilt er als einer der seltensten deutschen Vornamen.
Arthur bedeutet „der Bärenstarke“.

♀ Nara
Dieser Name besitzt keine Bedeutung. In Indien wird er als Unisexname verwendet, in Deutschland hingegen als Frauenname.

♂ Oskar
Ein ebenfalls geläufiger Name, welcher mittlerweile jedoch kaum noch vergeben wird. Er steht für „der Gott mit dem Speer“.

♀ Freyja
„Freyja“ (die Frau) ist ein altnordisches Wort, von welchem sich der Name ableitet. Die Mythologie verbindet den Namen mit der Göttin Freyja. Diese steht für die Liebe und Ehe. Daher bedeutet der Name „die Herrscherin“.

♂ Aram
Ein hebräischer Vorname, welcher in Deutschland kaum vergeben wird. Die Bedeutung lässt sich wörtlich vom Begriff „aram“ entnehmen: „das Land“.

10. Passende Namen für Zwillinge

♀♀ **Anna und Elsa**
Die beiden Schwestern aus dem Disneyfilm „Die Eiskönigin".
Anna steht für „die Liebreizende".
Elsa für „Gott hat geschworen".

♀♂ **Bella und Edward**
Zwei der Hauptfiguren aus „Twilight", die beiden führen eine romantische Beziehung. Bella bedeutet „die Schöne". Edward steht für „Hüter seines Besitzes".

♂♂ **Emil und Gustav**
Erich Kästners verfilmte Kinderbuchreihe „Emil und die Detektive" brachten dieses Paar hervor. Emil bedeutet „der Nachahmende". Gustav wird übersetzt zu „Stab der Goten".

♀♂ **Luise und Anton**
Ein weiterer Erich Kästner Roman. Pünktchen (Luise) und Anton werden zu besten Freunden. Luise bedeutet „die Beschützerin". Anton steht für „der aus dem Geschlecht der Antonier stammende".

♂♂ **Jonathan und Karl**
Die Geschichte um Jonathan und Karl stammt von Astrid Lindgren. Die beiden „Brüder Löwenherz" halten zusammen, bis in den Tod hinein. Jonathan bedeutet „Geschenk Gottes". Karl hingegen „der freie Mann".

♀♂ **Ronja und Birk**
Die Räubertochter Ronja und ihr Freund Birk stammen ebenfalls von Astrid Lindgren. Ronja wird übersetzt zu „die Siegreiche". Birk bedeutet „die Burg".

♀♂ Annika und Tommy
Die beiden besten Freunde von Pippi Langstrumpf, einem weiteren Kinderbuch von Astrid Lindgren. Annika steht für „die Anmutige". Tommy wird zu „der Zwilling" übersetzt.

♀ ♂ Hermine und Harry
Zwei der Hauptfiguren aus der Harry Potter Reihe, verfasst von Joanne Rowling. Hermine trägt die Bedeutung „Frau des Heeres“. Harry bedeutet „der Herrscher“.

♂ ♂ Fred und George
Zwei weitere Charaktere der Harry Potter Saga. Die beiden sind Brüder. Fred steht für „Mann des Friedens“. Georg übersetzt sich zu „der Bauer“.

♂ ♂ Loki und Thor
Zwei Helden des Marveluniversums, jedoch auch Figuren aus der nordischen Mythologie. Loki ist „der Luftige“ und zudem der Gott des Feuers und der List. Thor ist „der Donnergott“.

♂ ♂ Sam und Dean
Die beiden Brüder der Serie Supernatural, welche sich mit übernatürlichen Wesen und Mythologien beschäftigt. Sam steht für „Gott hört“. Dean bedeutet „der Älteste“ oder auch „der Anführer“.

♀ ♂ Leia und Luke
Zwei Figuren der Starwars Reihe. Luke und Leia sind Geschwister. Leia steht für „die Gesetzestreue“. Luke für „der Helle“.

♀ ♂ Rose und Jack
Das Liebespaar des Titanicfilms, welches ein bitterkaltes Ende im Meer findet. Rose steht klassisch für „die Rose“. Jack bedeutet „Jahwe / Gott ist gnädig.“

♀ ♂ Jorinde und Joringel
Ein Liebesmärchen der Gebrüder Grimm. Jorinde wird zu Stein verwandelt, Joringel zu einer Nachtigall. Joringel befreit seine Geliebte zum Ende des Märchens. Jorinde steht für „die Wachsame“. Joringel besitzt keine bekannte Bedeutung.

11. Unisexnamen in alphabetischer Reihenfolge

Ady
Der Name ist eine Abwandlung von „Adi“, weshalb er vermutlich ebenfalls „das Juwel“ bedeutet.

Aike
Aufgrund der Namensverwandschaft zu „eika“ und „Eika“ besteht eine hohe Wahrscheinlichkeit, dass auch diese Schreibweise „die Speerspitze“ bedeutet.

Chris
Eine Abkürzung von Christiane oder Christoph, daher die Unisex-Eignung. Chris bedeutet also entweder „die Christin“ oder „der Christ“.

Conny
Dieser Kosename geht auf Konrad oder Konrada zurück. Auch Cornelius und Cornelia sind Namensverwandte. Je nach gewünschter Form bedeutet also „die / der kühne Ratgeber/in“ oder auch „die / der Gehörnte“.

Danny
Eine Kurzform von Daniel oder Daniela. Die Bedeutung bleibt jedoch dieselbe: „Gott sei mein Richter“.

Dominique
Dieser Name ist bereits an und für sich Unisex. Die Bedeutung lautet „des Herrn zugehörig“.

Igni
Ein extrem selten genutzter Name, welcher auf das Wort „ignis“ zurückzuführen ist. Der Vorname bedeutet also „die / der Feurige“.

Jamie
Dieser Name trägt „Jahwe“ in sich und bedeutet vermutlich „Jahwe / Gott möge schützen“.

Josy
Vermutet wird, dass dieser Name „Er fügte hinzu“ bedeutet. Mit „Er“ könnte in diesem Falle Gott gemeint sein.

Kai
„Der Krieger“ oder „die Kriegerin“ sind die beliebtesten Interpretationen des Namens.

Kelly
„ceallach“ ist die Grundform des Namens. Daher die Bedeutung „die / die Nachkomme/rin des Ceallach“.

Kim
Dieser Name trägt drei Bedeutungen: „das Gold“, „Gott richtet auf“ und „die Lichtung“.

Ricky
Ein weiterer Name mit der Bedeutung „die / der Starke“.

Sammy
„Gott hört“. Sammy ist auch in der Kurzform „Sam“ als Unisexname gelistet.

Siggi
Die Unisex- und Koseform von Siegfried oder Sieglinde. Daher die Bedeutung „Sieg und Frieden“.

Tony
Vermutungen zufolge könnte für „die / der Wertvolle“ stehen.

12. Exotische Namen in alphabetischer Reihenfolge

Spanien

♀ **Adora**
Das Wort „adoración“ (die Verehrung) ist das Grundgerüst des Namens. Von diesem Wort abgeleitet entsteht die Bedeutung „die Verehrte“.

♂ **Albano**
Dieser Vorname lässt sich zweifach deuten. Die wahrscheinlichste Übersetzung leitet sich von der italienischen Stadt „Alba“ ab. Möglich wäre es auch, dass das lateinische Wort „albus“ (weiß) gemeint war.

♀ **Baila**
„bailar“ (tanzen) und „el baile“ (der Tanz) sind dem Namen extrem ähnlich. Daher bedeutet dieser „die Tanzende“.

♀ **Calimera**
Im Griechischen steht „kalimera“ (Guten Tag) für eine Art der Begrüßung. Von dieser Begrüßung geht die Interpretation „der gute Tag“ aus.

♂ **Calisto**
„kallistos“ (am schönsten) ist ein weiteres altgriechisches Wort. Calisto bedeutet also „der Schönste“.

♀ **Dayami**
Die Maya bauten nicht nur beeindruckende Tempel, sondern verehrten natürlich auch Götter. Dayami war eine der Flussgöttinnen der Maya.

♂ **Dayron**
Die Bedeutung des Namens ist nicht geklärt, jedoch taucht er auffällig häufig in Kuba auf.

♀ **Elena**
Eine spanische Abwandlung von „Helene“ oder „Helena“. Die Bedeutungen decken sich zu: „die Strahlende“.

♂ **Eligio**
Auf das lateinische Wort „eligere“ (auswählen) bezogener Vorname mit der Bedeutung „der Auserwählte“.

♀ **Fabia**
„faba“ steht für „die Bohne“. Fabia war ein beliebter Name ägyptischer Königinnen.

♂ **Fabio**
Die männliche Version von Fabia, daher ebenfalls die Bedeutung „die Bohne“.

♀ **Gema**
Gema steht höchstwahrscheinlich für „der Edelstein“. Diese Interpretation beruft sich auf das lateinische und italienische Wort „gemma“ (der Edelstein).

♂ **Generoso**
Ein weiteres direkt übernommenes italienisches Wort. „generoso“ steht für großherzig. Dementsprechend bedeutet der Vorname „der Großherzige“.

♀ **Havana**
Mit diesem Namen ist der Ort „Havana“ innerhalb der USA gemeint.

♂ **Hernan**
Die spanische Variante von „Ferdinand“. Beide Namen bedeuten „der kühne Beschützer“.

♂ **Ignacio**
„Ignis“ (das Feuer) ist ein lateinischer Begriff. Ignacio bedeutet also „der Feurige“.

♀ Jacinta
Eine Abkürzung des Wortes „hyakinthos“ (Hyazinthe). Die Hyazinthe ist eine besonders schöne Blume, welche vor allem in rosa und lila Farbtönen in Erscheinung tritt.

♂ Jacobo
Dieser Name trägt eine eher negativ behaftete Bedeutung. Da der Name sich vermutlich aus „Jahwe“ und „akab“ zusammensetzt lautet die Übersetzung: „Jahwe / Gott betrügt“.

♀ Kasilda
Kasilda ist eine spanische Heilige. Sie war die Tochter von Emirs von Toledo.

♂ Kepa
Die baskische Form von „Peter“. Die Interpretation lautet „der Felsen“.

♀ Laurita
„Der Lorbeerkranz“ lautet die Interpretation. Abgeleitet wird der Name vom lateinischen Begriff „laurus“.

♂ Lazaro
„El“ (der Mächtige) und „azar“ (helfen) sind hebräische Begriffe. Aus ihnen ergibt sich dann „der Mächtige hat geholfen“ oder „der Helfer des Mächtigen“.

♂ Maceo
Die spanische Variante von „Mattheus“. Die Bedeutung lautet dementsprechend „Gottes Geschenk“.

♀ Nanita
Spanische Variation vom Namen „Nathalie“. Beide bedeuten „die an Weihnachten Geborene“.

♂ **Nahuel**
Ein Name der Indianer, welcher wörtlich übersetzt für „Jaguar“ steht.

♀ **Ofelia**
„ophelos“ steht für „die Hilfe“ und begründet die Interpretation „die Helfende“.

♂ **Octavio**
„Der im achten Monat Geborene“ leitet sich vom Wort „octavus“ (acht) ab.

♀ **Quirina**
Vermutet wird ein Zusammenhang mit dem Wort „curis“ (der Speer). Sollte dieser Zusammenhang der Wahrheit entsprechen, würde die Bedeutung „die mit dem Speer Kämpfende“ lauten.

♂ **Quintiliano**
„Quintus“ (der Fünfte) könnte eine Anspielung auf den fünften Monat des Jahres sein. Sicher ist dies jedoch nicht.

♀ **Ramira**
steht mit hoher Wahrscheinlichkeit für „die Bogenschützin“.

♂ **Salvador**
Wörtlich übersetzt bedeutet Salvador „der Retter“ und leitet sich vom Begriff „salvare“ (retten) ab.

♀ **Tasha**
Eine weitere Ableitung von „Nathalie“ mit der Bedeutung „die an Weihnachten Geborene“.

♀ **Ursola**
Die spanische Form von „Ursula“, welche „die kleine Bärin“ bedeutet.

♂ **Urano**
„Ouranos“ steht für „der Himmel“ und führt zu eben dieser Vornamensbedeutung.

♀ **Ximena**
Eine genaue Zurückverfolgung der Herkunft ist nicht möglich. Häufig wird jedoch die Interpretation „die von Gott Erhöhrte“ genutzt.

♀ **Yaiza**
Eine mögliche Verbindung könnte mit einem gleichnamigen Ort auf den kanarischen Inseln bestehen.

♂ **Yago**
Die spanische Form von „Jakob“.
Die Interpretation lautet „der Betrüger“.

♀ **Zoa**
Bezieht sich auf das Wort „zoe“, welches „das Leben“ bedeutet.

♂ **Zorro**
Auf spanisch bedeutet „zorro“ nichts anderes als „der Fuchs“.

Afrika

♀ **Adua**
Aus Suaheli übersetzt könnte dieser Name für „die Geliebte“ stehen.

♀ **Asante**
Ebenfalls eher frei übersetzt könnte die Bedeutung „die Dankbare“ lauten.

♀ Djamila
„Jamil“ (schön / hübsch) ist ein arabisches Wort.
Die Interpretation „die Schöne“ geht von diesem aus.

♀ Fatoumata
Eine suahelische Form von Fatima mit identischer Bedeutung. „Die Enthaltsame“.

♀ Ghanima
Dieser afrikanische Name besitzt gleich zwei Bedeutungen. Sowohl „das große Glück“ wie auch „die große Freude“ werden mit dem Namen verbunden.

♂ Halima
Eine Ableitung von Halim.
Dieser Name ist sowohl afrikanisch sowie auch arabisch, er bedeutet in beiden Sprachen „die Gutmütige“ und „die Sanfte“.

♀ Inaya
Dieser Name ist sowohl afrikanisch wie auch kurdisch. Er bedeutet vermutlich so viel wie „die Vertrauenswürdige“.

♀ Jua
Die Frage nach der Bedeutung wird meistens mit „die Sonne“ beantwortet. Sicher ist dies jedoch nicht.

♂ Jabari
Auf Suaheli bedeutet der Begriff „jabari“ wortwörtlich „der Mutige“.

♀ Keshia
„lakeisha“ ist die Grundform des Namens. Das Wort stammt aus Suaheli und bedeutet übersetzt „die Favoritin“.

♂ **Kito**
Die afrikanische Bedeutung des Namens lautet, Erzählungen zufolge, so viel wie: „der Kostbare“.

♀ **Laryana**
Auch dieser Name besitzt keine absolut bestätigte Bedeutung. Häufig wird er jedoch als „der Mondschein“ interpretiert.

♀ **Malaika**
Sowohl auf Suaheli wie auch auf Arabisch bedeutet das Wort „Malaika“ nichts anderes als „der Engel“.

♀ **Nala**
„Nala“ ist die afrikanische beziehungsweise suahelische Bezeichnung für eine Löwin. Der Name ist durch den Film „König der Löwen“ bekannt.

♀ **Safiya**
Vom arabischen Wort „safiya“ (ruhig / gelassen) abgeleiteter Name. Die arabische Bedeutung ist daher „die Gelassene“. In Nigeria bedeutet der Name jedoch „der Morgen“.

♂ **Simba**
Die Bezeichnung für einen Löwen. Auch dieser Name ist im Film „König der Löwen“ genutzt worden.

♂ **Zahir**
„Zahir“ (hell) ist eigentlich ein arabisches Wort.
Von diesem abgeleitet entsteht die Bedeutung „der Helle“.

Asien

♀ **Abiramy**
Eine Hindugöttin, welche die Interpretation „die zu jeder Zeit Attraktive“ begünstigt.

♀ **Budsara**
Vermutungen zufolge bedeutet dieser Name so viel wie „der Goldschmuck“.

♀ ♂ **Chai**
Ein Unisexname mit der Bedeutung „das Leben“.

♀ ♂ **Chi**
Ein weiter Unisexname, welcher die Bedeutung „die Lebenskraft“ trägt.

♀ **Darunee**
Da bisher keine Grundformen zu finden waren, muss den Überlieferungen Glauben geschenkt werden. Laut diesen bedeutet der Vorname so viel wie: „junges Mädchen“.

♀ **Fahsai**
Auch hier ist keine Ableitung und somit keine genaue Interpretation möglich., Vermutet wird jedoch eine Art von Beschreibung des Himmels. Möglich wäre also die Übersetzung „der blaue Himmel“.

♀ **Ganja**
„Galene“ (die Ruhe / der Frieden) ist zwar eigentlich ein altgriechisches Wort, aber bildet dennoch die Grundform des Namen Ganja. Dementsprechend bedeutet der Name „die Ruhige und Friedliche“.

♀ **Jintana**
Diesem Namen wird die Bedeutung „die Kreativität" sowie „die Vorstellungskraft" nachgesagt.

♂ **Jiraphat**
„Jira" (beständig) und „phat (Diamant) ergeben diesen Namen und mit diesem auch die Bedeutung „beständig wie ein Diamant".

♀ **Kanita**
Vermutlich bedeutet Kanita so viel wie „die kleine Schwester". Im 3. Jahrhundert trug ein skythischer Herrscher diesen Namen, jedoch scheint dieser nicht in näherem Zusammenhang mit der Bedeutung zu stehen.

♂ **Kamon**
Bedeutet so viel wie „das Herz des Lebens".

♂ **Lamduan**
Lamduan ist eine thailändische Pflanzenart, genauer gesagt ein Baum. Dieser heißt auf Deutsch „weiße Klebsame".
Ob dies im Zusammenhang mit einer Bedeutung steht, ist unklar.

♂ **Nathapong**
„Natha" steht für klug.
„Pong" hingegen für Familie.
Daher lautet die Interpretation des Namens häufig „der aus der klugen Familie".

♂♀ **On**
Könnte „die Gotteswaffe" bedeuten, sicher geklärt ist dies jedoch nicht.

♂ **Ploy**
Steht mit großer Wahrscheinlichkeit für das Wort „Edelstein".

♀ **Thida**
Eine mögliche, jedoch unbestätigte, Übersetzung lautet „die Gottestochter".

Japan

♀ **Ai**
Je nach Kanji-Zeichen bedeutet dieser Name entweder „die Liebe" oder „die Zuneigung". Namenstage sind nicht bekannt.

♀ **Akemi**
Abhängig vom genutzten Kanji-Zeichen folgt entweder die Übersetzung: „die Schönheit" oder „das Licht". Daher wird der Name meistens als „die Schönheit des Lichts" oder „das Licht der Schönheit" interpretiert. Namenstage sind nicht vermerkt.

♀ **Chiyo**
Da für diesen Namen mehrere Kanji-Zeichen gelten, gibt es einige Bedeutungen. Zusammengefasst bedeutet dieser Frauenname jedoch: „Für immer" oder etwas genauer gesagt „Die ewige 1000 Generation". Auch hier gibt es keine bekannten Namenstage.

♂ **Daiki**
Erneut abhängig vom Kanji-Zeichen. Meistens wird der Name als „der große Glänzende" oder „das große Leuchten" übersetzt. Namenstage gibt es nicht.

♂♀ **Daisuke**
Ähnlich wie bei den meisten japanischen Namen ist dieser abhängig davon, welche Kanji-Zeichen genutzt werden. Größtenteils lässt sich Daisuke als „große Hilfe" übersetzen. Namenstage sind nicht bekannt.

♀ Fumiko

Die Ableitung des Namens ist nicht sicher geklärt, jedoch wird er häufig als „das Kind der Literatur“ oder „das Kind des Briefes“ interpretiert Namenstage sind nicht vermerkt.

♂♀ Haruka

Ein Unisexname, welcher die Bedeutung „die / der Weitentfernte“ trägt. Einen Namenstag besitzt der Vorname nicht.

♂ Hiroko

Abgeleitet von den beiden Kanji-Zeichen, die den Namen bilden, lautet die Interpretation vermutlich „das großmütige Kind“. Einen Namenstag gibt es nicht.

♂ Hiroshi

Übersetzt bedeutet dieser Vorname etwa: „der Tolerante“ oder auch „der Großzügige“ Auch hier ist kein Namenstag vermerkt.

♂ Keiko

„Das glückliche Kind“ oder auch „das gefeierte Kind“ leitet sich von den beiden genutzten Kanji-Zeichen des Namens ab.

♀ Kiyoshi

„Kiyoi“ ist das japanische Wort für „rein“. Also ein Synonym von „sauber“. Daher die Bedeutung: „der Reine“.

♀ Misaki

„Die schöne Blüte“ Diese äußerst positive Bedeutung leitet sich aus den beiden Kanji-Zeichen des Namens ab.

♂ Minoru

„minoru“ bedeutet wörtlich übersetzt „Früchte tragen“. Die Übersetzung lautet also „der Früchte tragende“.

♀ Nanami
Ein eindeutiger Name, welcher „die sieben Meere" bedeutet. Gemeint sind die sieben Weltmeere.

♂ Naoki
Ein aus zwei Kanji-Zeichen zusammengesetzter Name mit der Bedeutung „der aufrechte und ehrliche Baum"

♀ Sakura
Der Vorname ist in Deutschland vor allem aufgrund des Animes „Naruto" bekannt. Eine der Figuren heißt Sakura. Wörtlich übersetzt bedeutet „sakura" sowohl „die Kirschblüte" wie auch „der Kirschbaum".

♀ ♂ Shigeru
Ein japanischer Unisexname mit der Übersetzung „die / der prächtig Gedeihende".

♂ Tomoko
Ein zweigliedriger japanischer Vorname. Die beiden genutzten Kanji-Zeichen ergeben den die Bedeutung „das Kind der Weisheit".

♂ Takashi
Vermutlich lautet die Übersetzung „der den Eltern Respekt Zollende".

♂ Yuuka
Obwohl dieser Vorname besonders viele verschiedene Kanji-Zeichen beinhalten kann, bedeutet er fast immer: „das vorzügliche Aroma".

13. Mythologische Vornamen in alphabetischer Reihenfolge

Germanisch

♀ Alsuna
Die Bedeutung ist nicht restlos geklärt, jedoch wird vermutet, dass die Übersetzung „die Edelsonne" korrekt ist. Namenstage gibt es nicht.

♀ Eila
Eine norwegische und finnische Variante des Namens „Eilen". Daher bedeutet dieser „die Sonnenhafte", „die Leuchtende" und „die Strahlende". Der Namenstag für Eila ist am 24. Dezember.

♀ ♂ Eike
Ein Unisexname, welcher auch in früheren Zeiten bereits so genutzt wurde. Die Bedeutungen lauten „Schwertkämpfer/in" und „die/der mit dem harten Schwert." Der Namenstag für Eike ist am 28. Juni, 28. Juni, 20. Dezember und am 20. Dezember.

♀ Freya / Freyja
„Freyja" (die Frau) ist ein altnordisches Wort, von welchem sich der Name ableitet. Die Mythologie verbindet den Namen mit der Göttin Freyja. Diese steht für die Liebe und Ehe. Daher bedeutet der Name „die Herrscherin". Namenstage gibt es nicht.

♀ Ferun
Einen bestätigten Zusammenhang mit einem Wort oder einer Ableitung gibt es nicht. Übersetzt wird der Name, aus Überlieferungen, wie folgt: „die Freude Zaubernde". Namenstage sind nicht verzeichnet.

♂ Falko
„Falko" bedeutet nichts anderes als „Falke". Da dieser Name entstand, als Vornamen noch zum Charakter geordnet wur-

den ist es wahrscheinlich, dass „der wunderbare Falke“ die Bedeutung ist. Der Namenstag für Falko ist am 20. Februar und am 6. Juni.

♀ **Gelsa**
Woher genau der Name stammt, ist unbekannt. Mündlichen Überlieferungen zufolge bedeutet er „mit frohem Mut“. Einen Namenstag gibt es nicht.

♂ **Gunnar**
Eine skandinavische Form von Günther. Die beiden althochdeutschen Wörter „gund“ (der Kampf) und „heri“ (das Heer / der Krieger) gelten als Grundform des Namens. Aus diesen ergibt sich die Bedeutung „der im Heer Kämpfende“. Der Namenstag für Gunnar ist am 8. Oktober, 9. Oktober und am 28. November.

♂ **Halvor**
Eine moderne Form des altnordischen Namens Hallvarðr. “hallr” (der Felsen) und “vardr” (der Wächter / der Beschützer)

♀ **Iduna**
Das altnoridsche Wort „Iðunn” bedeutet “die Verjüngende” oder auch “die Erneuernde”. Außerdem verbindet die germanische und nordische Mytholgie den Namen “Idun” mit einer Göttin der Jagd, der Jugend und Unsterblichkeit. Daher die Bedeutung: “die jugendliche Frühjahrsgöttin”.

♂ **Irvin**
Eine Variante des Vornamens „Erwin“. Beide setzen sich aus „heri“ (das Heer) und „wini“ (der Freund) zusammen. Daraus entstand die Übersetzung „der Freund des Heers“. Der Namenstag für Irvin ist am 25. April und am 29. Mai.

♀ **Kunna**
Die Herkunft des Namens ist unbekannt, doch die Übersetzung „die Sippentochter“ wird in fast allen Sprachräumen genannt. Namenstage gibt es nicht.

♂ **Knut**
Ursprünglich „chnuz“ (waghalsig, verwegen, kühn) im Althochdeutschen genannt, bedeutet der Name Knut „der Verwegene“, „der Waghalsige“, „der Kühne“ und „der Freie“. Der Namenstag für Knut ist am 7. Januar und am 10. Juli.

♀ **Lykke**
Auf Schwedisch sowie Norwegisch bedeutet das Wort „lycka“ beziehungsweise „lycke“ nichts anderes als Glück. Daher wird Lykke als „die Glückliche“ interpretiert. Der Namenstag für Lykke ist am 25. April.

♂ **Lando**
„Lant“ (das Land / die Heimat) ist ein weiteres althochdeutsches Wort. Von diesem leitet sich der Vorname Lando ab. Er ist eine selbstständige Kurzform von „Landolf“ und „Lambert“. Alle drei Namen bedeuten „der Beschützer der Heimat“.

♀ **Nanna**
Da der Name sich vermutlich vom altnordischen Wort „nenna“ (mutig) ableitet, liegt die Übersetzung „die Mutige“ nah. Die nordische Mythologie verbindet Nanna mit der Muttergöttin. In der Mythologie der Sumerer, einer Glaubensgruppe, ist Nanna der Gott des Mondes. Namenstage gibt es nicht.

♂ **Norbert**
Ein altdeutscher Vorname, zusammen gesetzt aus den Worten „nord“ (der Norden) und „beraht“ (strahlend / glänzend) Diese Zusammensetzung führt zu der Bedeutung „der Strahlende aus dem Norden“. Der Namenstag für Norbert ist am 6. Juni.

♀ Odarike
Aus dem Nordischen stammenden Vornamen, der sich aus „odal“ (Erbe) und „rike“ (Reich) zusammensetzt. Er ist eine alte Form der Namen Ulrike und Ulrika. Die Bedeutung wird übersetzt zu: „die an Erbgut Reiche“. Namenstage gibt es nicht.

♂ Odin
Ein besonders bekannter germanischer sowie mythologischer Vorname. Er bezieht sich auf „odr“ (die Inspiration / der Wahnsinn, die Wut) und „wat“ (anblasen, anfachen, inspirieren) sowie auf den Gott Odin. Die Bedeutung lautet „der Inspirierte“ und „der Rasende“. Der Namenstag für Odin ist am 3. Januar.

♀ Runa
Eine Kurzform von Alrun und Gudrun. Das altnordische Wort „run“ (Zauber / Geheimnis) ist die Grundform des Namens. Die Interpretationen lauten daher „die Zauberhafte“ und „die Geheimnisvolle“. Der Namenstag für Runa ist am 8. Januar und am 27. Januar.

♂ Rango
Dieser Vorname ist vorzugsweise in Schweden anzutreffen, stammt jedoch aus der keltischen Sprache. Interpretiert wird er meistens als „der Schlafende“. Namenstage gibt es nicht.

♀ Svea
Für diesen Namen gibt es zwei, nicht bestätigte, Übersetzungen: „Schwedenkönigin“ und „die See“. Die erste Variante bezieht sich auf „Sverige“ (Schwedenreich), die zweite hingegen auf das Wort „Svea“ (See) selbst. Der Namenstag für Svea ist am 2. Januar und am 14. August.

♂ Thor
Ein weiterer Gott, den viele kennen. Innerhalb der nordischen

Mythologie ist Thor einer der Söhne Odins gewesen. Auf fast allen alten Sprachen wird „Donner“ oder „donnern“ ähnlich wie Thor geschrieben. Daher die Bedeutung „der Donner“ oder auch „der Donnergott“. Der Namenstag für Thor ist am 19. November.

♂ Wolf

Der Name bedeutet genau das, was er beschreibt: „der Wolf“. Meistens wird er als Kurzform des Namens „Wolfgang“ benutzt. Der Namenstag für Wolf ist am 31. Januar.

Griechisch

♀ ♂ Artemis

Einer der vielen griechischen Unisexnamen. Artemis war, innerhalb der griechischen Mythologie, eine Tochter des Gottes Zeus und somit selbst als Gottheit verehrt. Sie war „die Hüterin der Frauen und Kinder“ sowie „die Göttin der Jagd und Wildnis“. Genau das bedeutet daher auch der Vorname Artemis. Namenstage gibt es nicht.

♂ Ares

Ein Kind des Gottes Zeus trug den Namen Ares. Dieser wurde in der griechischen Mythologie als Gott des Krieges verehrt, was dem Vornamen die Bedeutungen: „der Verfluchende“, „der Verderbende“ und „der Rächer“. Der Namenstag für Ares ist am 19. Dezember.

♀ Cassiopeia / Kassiopeia

Sie war die Mutter der Andromeda, nach Kassiopeia wurde zudem ein Sternenbild benannt. Die Bedeutung lautet „die Feenkönigin“. Namenstage gibt es nicht.

♂ Costas
Eine kurze Variante von „Konstantin“. „constare“ (standhalten) ist lateinisch und führt zur Bedeutung: „der Standhafte“. Namenstage gibt es nicht.

♀ Desdemona
Ein Name mit negativer Bedeutung. Das Wort „disdaymon“ (das Unheil) ist der Ursprung. „Daimon“ (das Schicksal / der Dämon) ist ebenfalls im Namen vertreten. Daher rühren die Bedeutungen: „das Unheil“ und „die Unglückliche“. Erfunden wurde der Name von Shakespeare in seinem Werk „Othello“.

♂ Dennis
Der Name geht auf den Gott Dionysos zurück. Dieser war der Gott des Weines, Festes und der Freuden.
Daher bedeutet Dennis „der dem Gott Dionysos Geweihte“.
Der Namenstag für Dennis ist am 9. Oktober.

♀ Elaia
Dieser Name steht für „Olive“ und „Olivenbaum“, daher wird eine Verbindung zu Olivia vermutet. Namenstage gibt es nicht.

♂ Eros
Der Sohn von Aphrodite hieß Eros. Er war der Gott der Liebe, daher bedeutet dieser Vorname auch genau das. „Gott der Liebe“. Namenstage wurden keine vergeben.

♀ Filomena
In Italien und Portugal wird diese Schreibweise verändert, in anderen Sprachräumen vorranging „Philomena“. Die altgriechischen Worte „phileo“ (lieben) und „meno“ (bleiben) lassen die Interpretation „die der Liebe treu bleibend“ zu. Der Namenstag für Filomena ist am 11. August.

♀ Gaia

Das altgriechische Wort „ge“ (Erde) wurde zu Gaia abgewandelt. Daher bedeutet der Vorname „die Erde“. Außerdem gab es eine Göttin namens Gaia, welche die Göttin der Erde war. Namenstage gibt es nicht.

♂ Georgios

Abgeleitet vom Wort „georgos“ (der Landarbeiter) bedeutet dieser Name „der Bauer“ und ist eine der früher genutzten Formen des Namen Georg. Der Namenstag für Georgios ist am 23. April und am 24. April.

♀ Helena

Bezogen auf den Sonnenscheingott „Helios“ bedeutet der Name „die Strahlende“ und „die Sonnenhafte“. Der Namenstag für Helena ist am 26. April, 21. Mai, 15. November und am 18. August.

♀ Iris

Das Symbol der Götterbotin Iris war ein Regenbogen. Auch die Schwertlilien-Blume wird Iris genannt. Beide führen zu einer eigenen Interpretation: Die Göttin zu „der Regenbogen“, die Blume hingegen zu „die strahlende Blume“. Der Namenstag für Iris ist am 4. September.

♂ Ikaros

Dieser Name stammt sicherlich vom übermutigen Helden „Ikarus“ der griechischen Mythologie ab. Dieser flog aus Selbstüberschätzung zu nah an die Sonne und schmolz dabei seine eigenen Flügel, welche sein Vater aus Wachs und Federn kreiert hatte. Ikarus war der Sohn von Daidalos, ein Erfinder, und trägt daher die Bedeutung „Nachfolger“. So ist es auch mit Ikaros. Namenstage gibt es nicht.

♀ **Kassandra**
Zusammengesetzt aus „kad“ (hervorragen) und „aner“ (der Mann) ergibt sich die Bedeutung: „die Männerfangende“. Kassandra sagte, laut der griechischen Mythologie, die Falle des trojanischen Pferdes voraus und wurde nicht beachtet. Der Namenstag für Kassandra ist am 2. April.

♂ **Kyrill**
Eine Verniedlichung des Wortes „kyrios“ (der Herr). Kyrill war ein Apostel der Slawen, nach diesem ist auch das kyrillische Alphabet benannt. Der Namenstag für Kyrill ist am 14. Februar und am 7. Juli.

♀ **Lina**
Der Name geht zurück auf Lateinisch und bedeutet so viel wie „die Sanfte“ oder auch „kleiner Engel“. Der Namenstag für Lina ist am 23. September.

♂ **Leandros**
„laos“ (das Volk) und „aner“ (der Mann) sowie „leon“ (der Löwe) sind Wörter der altgriechischen Sprache und bedeuten zusammen „ein Löwe von einem Mann“ sowie „der Mann des Volkes“. Hero und Leander waren Figuren einer griechischen Sage, welche eine unglückliche Liebe führten und das Kind Leandros zur Welt brachten. Der Namenstag für Leandros ist am 13. März.

♀ **Medea**
Medea bedeutet wörtlich übersetzt „die Kluge“. Medea war eine griechische Zauberin, welche einem anderen Menschen zum Goldenen Vlies verhalf. Bisher wurden keine Namenstage hinterlegt.

♂ **Menelaos**
Dieser war, von der griechischen Mythologie aus gesehen, der König von Sparta. Daher bedeutet der Vorname „König von Sparta“. Namenstage gibt es nicht.

♀ **Nephele**
Das Wort „nephos“ (die Wolke) stammt aus der altgriechischen Sprache und bildet den Ausgang für den Vornamen Nephele. Daher lautet die Übersetzung „die Wolke“. Namenstage sind nicht vermerkt.

♂ **Nikos**
„nike“ (der Sieg) und „laos“ (das Volk) bilden diesen Namen. Interpretiert wird dieser also grundsätzlich als „Sieg des Volkes“. Der Namenstag für Nikos ist am 6. Dezember.

♀ **Olympia**
Abgeleitet vom Berg „Olympos“, welcher den Heimatort der griechischen Götter darstellt, bedeutet dieser Vorname „die vom Berg Olymp Stammende“ und kann heutzutage auch als „Göttin des Sports“ interpretiert werden. Der Namenstag für Olympia ist am 17. Dezember.

♂ **Odysseus**
Odysseus war ein berühmter Reisender und Held bei den Griechen. Vermutlich geht der Name auf das Wort „odyssasthai“ (hassen) zurück. Daraus würde sich eine negative Bedeutung, nämlich „der Hassende“ oder „der Verhasste“, ergeben.

♀ **Polina**
Apollon war ein griechischer Sonnengott. Polina ist vermutlich eine Abteilung dessen und beschreibt somit „die Göttin der Sonne“. Der Namenstag für Polina ist am 9. Februar und am 31. Dezember.

♂ **Philippos**
„Philos“ steht für Freund. „hippos“ für das Pferd. Daher bedeutet sowohl Philippos wie auch Philipp „der Pferdefreund“. Der Namenstag für Philippos ist am 3. Mai und am 16. Oktober.

♀ **Sofia**
Aus dem altgriechischen übersetzt bedeutet dieser Name „die Weise". Der Namenstag für Sofia ist am 15. Mai, 3. September und am 30. September.

♂ **Sirius**
„Seirios" (brennend) und der Bezug zum hellsten Stern, neben der Sohne, unseres Nachthimmels führen zur Interpretation „brennender Stern" sowie „hellster Stern des Nachthimmels". Namenstage besitzt der Name nicht.

♂ **Sokrates**
Sokrates war ein berühmter griechischer Philosoph. Die Wörter „sos" (unverletzt / ganz / sicher) und „krates" (die Kraft) bilden den Vornamen. Somit entsteht die Bedeutung „der Unversehrte", „der Unverletzte" und „der Kräftige". Namenstage gibt es nicht.

♂ **Thanos**
„a" (Un-) und „thanatos" (der Tod) ergeben die mächtige Bedeutung „der Unsterbliche". Dies liegt an der eigentlichen Form „Athanasios". Namenstage sind nicht hinterlegt oder überliefert worden.

♀ **Xenia**
„Die Gastfreundliche" leitet sich ab vom Wort „xenio" (gastfreundlich). Bis heute werden Gäste in Griechenland als „Xeni" bezeichnet. Der Namenstag für Xenia ist am 12. Januar, 24. Januar, 11. September, 27. Dezember und am 30. Dezember.

♀ **Zoe**
Die direkte Übersetzung des Wortes „zoe" ist „das Leben". Der Namenstag für Zoe ist am 2. Mai.

♂ Zino
Die Kurzform von Vincenzo. Beide Namen bedeuten „der von Zeus Gekommene“. Bisher wurden keine vermerkten Namenstage gefunden.

Römisch

♀ Aurora
Ein römischer mythologischer Name, welcher der Gottheit der Morgenröte entspringt. Übersetzt bedeutet er daher „die Morgenröte“. Der Namenstag für Aurora ist am 1. April und am 4. Oktober.

♂ Amulius
Eine Figur der römischen Mythologie. Leider sind weder Bedeutung noch Namenstage oder Herkunft des Namens bekannt.

♀ Concordia
Die römische Göttin der Eintracht. „concordia“ selbst bedeutet wörtlich übersetzt „Eintracht“. Der Namenstag für Concordia ist am 13. August.

♀ Diyana
Dieser Vorname stammt vom Wort „deiwo“ (das Licht) ab. Daher wird die Bedeutung „das Licht“ genutzt. Namenstage gibt es nicht.

♀ Ercelina
Eine Verbindung zur römischen „Hersilia“ wird vermutet. Diese war die Frau von Romulus. Romulus war einer der beiden Gründer Roms. Namenstage und eine sichere Bedeutung gibt es nicht.

♀ **Fauna**
Die römische Göttin „Bona Dea“ (gute Göttin) wurde auch Fauna genannt. Sie galt als Göttin des Feldes, der Fruchtbarkeit und der Tiere. Aufgrund dessen folgte die Interpretation „die gute Göttin der Tierwelt“. Namenstage sind leider nicht bekannt.

♂ **Florus**
Männliche Version von Flora. Abgleitet von „flors“ (Blume) ergibt sich die Bedeutung „die Blüte“. Der Namenstag für Florus ist am 18. August.

♀ **Grazia**
Die Grazien waren die drei Töchter des Gottes Zeus. „gratia“ (die Gnade / die Anmut) ist ein lateinisches Wort und die Grundform des Namens. Durch die Ableitung ergibt sich die Interpretation: „die Gnädige und Anmutige“. Der Namenstag für Grazia ist am 9. Juni, 21. August und am 6. September.

♀ **Hersilia**
War die sabinische Frau des Romulus, einer der beiden Gründer Roms. Was der Name bedeutet und woher er stammt ist unklar. Namenstage gibt es nicht.

♀ **Invidia**
Die römische Göttin des Neids und der Eifersucht. Die wörtliche Übersetzung von dem lateinischen Wort „invidia“ lautet Neid. Namenstage wurden nicht hinterlegt.

♂ **Ilia**
Eine römische Form des Namen Elias. Daher die Bedeutung „mein Gott ist Jahwe“. Der Namenstag für Ilia ist am 24. März und am 20. Juli.

♀ **Juno**
Die Frau des Jupiters, eine Göttin der Ehe, Fürsorge und Ge-

burt. Da der Monat Juni ebenfalls auf diese Göttin zurückzuführen ist, wäre eine mögliche Bedeutung außerdem „die im Juni Geborene“. Der Namenstag für Juno ist am 1. März.

♂ Jovin

Eine Ableitung vom Gott Jupiter, der höchste Gott der römischen Mythologie. Daher stammt die Interpretation: „Vater des Lichts“. Namenstage gibt es nicht.

♀ Laverna

Die römische Göttin der Diebe. Weiteres ist nicht bekannt.

♀ Maija

„Maia“ steht für Amme oder Hebamme. Da Maija eine Varinate des Namen Maia ist, lautet die Bedeutung „die Hebamme“. Der Namenstag für Maija ist am 1. Januar, 12. September und am 14. November.

♂ Maarten

Leitet sich vom Wort „mars“ ab, welches auch den Planeten Mars benannt hat. Daher stammt die Interpretation „der dem Mars Geweihte“. Der Namenstag für Maarten ist am 13. April, 3. November und am 11. November.

♀ Nona

Die römische Göttin der Geburt. Da „nonus,-a,-um“ so viel wie „der/die/das Neunte“ bedeutet, bezieht der Name sich auf die neun Monate der Schwangerschaft einer menschlichen Frau. Die Bedeutung lautet „die Geburt“ oder auch „die Neunte“. Namenstage gibt es nicht.

♀ Pomona

Die römische Göttin der Bäume und Baumfrüchte. „Pomum“ (Baumfrucht / Obst) ist ein lateinisches Wort, von welchem sich der Vorname ableitet. Die Bedeutung lautet „die Göttin der Bäume und des Obstes“. Namenstage sind nicht bekannt.

♀ **Rumina**
Eine weitere Gottheit, welche den Säuglingen, Säugenden und den Ammen gewidmet war. „Ruminare“ (wiederkäuen) ist der ursprüngliche Begriff des Namens. Dieser Gottheit wurde statt Wein, Milch geopfert. Einen Namenstag besitzt der Name nicht.

♂ **Remo**
Verbindet die beiden Gründer Roms, Romulus und Remus, miteinander. „Remus“ steht für „das Ruder“. Dies legt die Annahme nah, dass Remo für „der Rudernde“ steht. Der Namenstag für Remo ist am 11. August und am 1. Oktober.

♀ **Sylvaine**
Silvanus war der römische Gott des Waldes. Von diesem ist der Vorname Sylvaine abgeleitet. „silva“ steht hierbei für „der Wald“ und führt zur Bedeutung „das Waldmädchen“. Namenstage gibt es nicht.

♂ **Sadwyn**
Vermutet wird ein Zusammenhang mit dem Planeten Saturn, bestätigt ist dieser jedoch nicht. Namenstage gibt es nicht.

♀ **Tori**
Eine Kurzform des Namen Victoria, welcher übersetzt „die Siegerin“ bedeutet. Der Namenstag für Tori ist am 11. Februar, 12. August, 21. August und am 23. Dezember.

♀ **Venera**
Abgeleitet von der Venus bedeutet dieser Name so viel wie „die Liebende“ und „die Göttin der Liebe“. Namenstage gibt es nicht.

♂ **Vic**
Die männliche Form von Victoria, daher die identische Übersetzung zu: „der Sieger“. Die männliche Version hat keinen Namenstag erhalten.

Schlusswort

Vornamen können durchaus unseren Charakter, unseren Lebensstil und auch unseren ersten Eindruck auf andere Personen beeinflussen.

Daher ist es von höchster Priorität, dass wir mit positiven und förderlichen Vornamen benannt werden.

So ist es nun auch für Sie an der Zeit, Ihrem Kind einen wunderschönen Namen zu geben.

Ich wünsche Ihnen viel Erfolg!

Printed in Poland
by Amazon Fulfillment
Poland Sp. z o.o., Wrocław

24443476R00105